快乐孩子是这样养出来的——
成就孩子一生幸福的心理指导全攻略

宁　馨　李甜凤　编著

清华大学出版社

北　京

内 容 简 介

本书针对当前青少年教育中日趋严重的一些现实问题，深入浅出地剖析了孩子成长过程中的各种心理问题，并提供了解决方法，具体包括孩子健康心理的重要性、教育孩子的方式、发现和解决孩子在生活和学习过程中遇到的心理问题、帮助孩子应对自私自卑等问题以及引导孩子改掉不良习惯、形成良好的性格等内容。

本书语言简洁流畅，内容丰富有趣，可读性强，理论性与实践性兼具，可有效地提升父母心理指导方面的素养，并帮助父母掌握运用心理学知识科学育儿的技巧。

这是一本写给爱孩子的父母的书，它从多个角度与父母们一起来分析孩子的行为，了解孩子的心理，并提供切实可行的方法来帮助孩子、教育孩子，使我们的孩子能够健康快乐地成长、成才。

图书在版编目(CIP)数据

快乐孩子是这样养出来的——成就孩子一生幸福的心理指导全攻略/宁馨，李甜凤编著. --北京：清华大学出版社，2012

("成就孩子人生的资本"系列)

ISBN 978-7-302-30101-1

Ⅰ. ①快… Ⅱ. ①宁… ②李… Ⅲ. ①家庭教育—教育心理学 Ⅳ. ①G78

中国版本图书馆 CIP 数据核字(2012)第 217829 号

责任编辑：杨作梅
装帧设计：杨玉兰
责任校对：周剑云
责任印制：杨　艳

出版发行：清华大学出版社
　　　　网　　址：http://www.tup.com.cn，http://www.wqbook.com
　　　　地　　址：北京清华大学学研大厦 A 座　　邮　编：100084
　　　　社总机：010-62770175　　　　　　邮　购：010-62786544
　　　　投稿与读者服务：010-62776969，c-service@tup.tsinghua.edu.cn
　　　　质　量　反　馈：010-62772015，zhiliang@tup.tsinghua.edu.cn
　　　　课　件　下　载：http://www.tup.com.cn，010-62791865
印　装　者：清华大学印刷厂
经　　销：全国新华书店
开　　本：169mm×230mm　印　张：15.75　字　数：250 千字
版　　次：2012 年 10 月第 1 版　　　印　次：2012 年 10 月第 1 次印刷
印　　数：1～5000
定　　价：32.00 元

产品编号：046507-01

父母是孩子最好的心理医生

家对于孩子来说，是世界上最温暖的角落，是他成长的摇篮。而父母，是孩子在这个世界最亲近的人，是孩子最初始也是最重要的老师。父母不仅能够给予孩子物质上的满足，也在精神上决定着孩子能否健康成长。

心理学研究证明，青少年时期是培养人健康心理的黄金阶段。每个人特有的生活习惯、行为模式及心理倾向等，都在这一时期奠定基调，影响和左右着他的一生。在这个时期，父母是否关注孩子的心理健康和精神成长，将会对孩子一生的命运和人生走向产生深远的影响。

孩子的成长过程，是一个漫长而艰辛的历程。从其孕育到成长，父母付出了毕生的心血。当孩子欢乐、喜悦时，父母会跟孩子一起开怀；当孩子痛苦、害怕、失望、迷惘时，父母会尽其所能，默默帮助、支持孩子，并让这些转化为孩子不断成长和强大的阶梯。

当孩子遇到心理上的难题，或受到消极情绪的困扰而难以自拔时，父母的信任、理解和安慰，就是对他最好的治疗。

因为父母对孩子的爱，是任何心理医生都无法代替的。亲子之间独一无二的血缘关系，使父母应该比心理医生更了解自己的孩子，也应该比心理医生更有机会给予孩子大海般的信任和理解。于情、于理，父母都应该是引导孩子走出心灵困境的最佳人选。

所以说，父母是孩子最好的心理医生。

但在现实生活中，许多父母没有形成正确的教育理念，没有掌握科学的教子方法，这使得他们不仅不能在孩子遭遇情绪困扰时伸出援手，反而会给孩子

带来更多的困扰。

　　本书正是为帮助父母解决孩子成长过程中可能遇到的难题而编写的。书中针对孩子经常遇到的情绪困扰和心理问题进行讲解、剖析，让父母明白产生这些困扰的真正原因，并且给父母提供切实可行的建议和对策。

　　事实证明，父母只有具备了正确的教育理念和教育方法，才能给孩子健康而理性的爱，从而担当起孩子人生灯塔和心灵引路人的重任，使孩子能够健康而快乐地成长。

　　感谢阅读本书的父母。如果本书的内容能够对您有所助益，那么，我们的心愿就达成了一致，也使本书具有了真正的价值。

编　者

目录

第一章

心理健康的孩子才会幸福一生

　　心理健康是孩子在以后的人生道路中，走向成功的必要的素质和基础。而一些不良的心理病症，也会对孩子的人生产生难以估量的消极影响。孩子一旦出现心理疾病，父母一定要在孩子年幼时就及时矫正，否则等到成年以后再想更改就为时已晚，而且会更为艰难。

　　父母对孩子的影响力，是任何心理医生都无法代替的。因此，他们无疑是指导孩子走出心灵困境最好的指路人。

拥有健康的心理是孩子幸福一生的前提

【教子现场】

"宝贝孙子，多吃点，瞧你最近都瘦了。"每次吃饭，峰峰的碗里都会堆满爷爷奶奶夹给他的各种菜肴。峰峰已经习以为常，并觉得理所应当，而且他吃得越多，爷爷奶奶越高兴。

吃完饭，峰峰把碗一放，就躺在沙发上，一边吃零食，一边看起电视来。一会儿，奶奶走了过来，问道："峰峰，吃饱没？没吃饱可要跟奶奶说啊。"

峰峰正在津津有味地看电视，没有搭理奶奶。奶奶继续说着，峰峰很不耐烦地说了一句："您烦不烦啊，啰啰唆唆的。"奶奶这才不说话了。

又过了一会儿，爷爷过来了，递给峰峰几张百元大钞，说："峰峰，这是你的零花钱，没有了就跟爷爷说。"

峰峰"嗯"了一声，接过钱，继续看他的电视。

这样成长起来的峰峰，养成了唯我独尊、任性刁蛮、怕吃苦、不爱劳动、意志力薄弱等不健康的性格和心理。

【案例解析】

心理健康是指拥有较好的管理、控制自己情绪的能力，能较好地适应社会，并且能做到自尊、自爱、自信以及有自知之明。心理健康对孩子有着非同寻常的作用。

首先，心理健康的孩子会将学习看成乐趣而不是负担。他们更容易集中注意力，不受外界的干扰，这样学习效率更高，学习成绩也更好。

其次，心理健康的孩子身体更健康。心理健康与身体健康是相互联系、相互作用的。一个性格孤僻的孩子，他的心理会处于一种压抑状态，时间长了，体内激素分泌也会受到影响，身体的抵抗力会下降，疾病就很容易乘虚而入。

再次，心理健康的孩子拥有良好的人际关系。心理健康的孩子积极乐观，情绪稳定，容易跟人相处，别人也愿意和他们交往。

最后，心理健康的孩子拥有良好的适应能力。社会错综复杂，在人的一生中，周围的环境会不断地发生变化。如果拥有了健康的心理，就能够正确认识自我，正确对待外界，自我调整情绪，保持心理平衡，因此能很快适应不同的环境。

可见，拥有健康的心理对于孩子来说多么重要。儿童期是塑造个体心理的重要时期，妈妈要把握好这个时期，让孩子拥有健康的心理。

【给妈妈的教子妙方】

≫≫　建议一：培养孩子健康的思维方式

在孩子成长的过程中，总会遭遇不公正的待遇，碰到想不开的事情。妈妈不可能为他指导和解决所有的事情，因此应该培养孩子健康的思维方式。

健康的思维方式，是指凡事换个角度去看，透过消极因素看到它积极的一面，不钻牛角尖，善于给自己的心灵找出口。

王金回到家，愤愤不平地对妈妈说："我们老师真是偏心眼，今天大扫除，别的同学都只擦一块玻璃，却让我擦三块玻璃。"

"那你觉得是你的收获大，还是别人的收获大呢？"妈妈微笑着问王金。

"这……"王金摸了摸脑袋，不知道如何回答。

"妈妈觉得是你的收获大。"妈妈说。

"为什么？"王金问道。

"因为你为班集体做了更多的事情，会得到老师、同学的尊重和称赞；你积累了更多的擦玻璃的经验，提高了自己的劳动技能；同时也锻炼了自己的身体。你说是吗？"妈妈笑着说。

"嗯，可是老师不公平……"王金还是有些不满。

"孩子，你不认为那是老师对你的偏爱和重视吗？老师给了你更多体验和锻炼的机会，你只有收获，没有失去，我看你应该感谢老师呢！"妈妈郑重地说。

这位妈妈善于引导孩子用积极、健康的思维方式，去对待生活中出现的问题。这样做，既解开了孩子的心结，也能够培养他正确的人生态度。这是更加高瞻远瞩的教育理念。

当孩子拥有了健康的思维方式，就能自我排遣消极情绪，让心灵变得坚强、豁达。

>> 建议二：用积极、乐观的情绪影响孩子

俗话说："有什么样的妈妈，就会有什么样的孩子。"可见，妈妈的言行举止对孩子的影响是巨大的。

如果妈妈遇事总是悲观失望，那么孩子也会变得消极。如果妈妈积极、乐观，这种情绪会感染孩子，使他们的性格变得活泼、开朗、积极向上。

当孩子拥有这种性格时，他们的心理通常会朝着健康的方向发展。

晓俊坐在沙发上不停地叹气，妈妈走过去对晓俊说："晓俊，小小年纪怎么唉声叹气的？"晓俊一脸郁闷地说："我真是太倒霉了，今天赶公交车时摔了一跤，烦死了。"

晓俊的话让妈妈大吃一惊：这孩子什么时候变得这么悲观了？

如果孩子表现出悲观、消极的情绪，妈妈就要反思自己平时的言语、行为是否也这样，同时要及时引导孩子走出阴影，学会调整情绪，并注意培养他积极的心态。

>> 建议三：让孩子学会释放心理压力

压力在心里积压得太多、太久，就会严重影响一个人的学习和生活。

压力过大，会使学习效率降低、精神疲劳。长期压力大，还会影响身体健康。所以，妈妈应该教会孩子将心中的压力释放出来。

当孩子心情不好或者遇到不顺心的事情时，妈妈应该鼓励孩子将心中的委屈和烦恼说出来，在孩子倾诉的过程中，压力会得到释放。

如果孩子不愿意说，可以将孩子带到大自然中去，让他对着大自然倾诉，在大自然中放松自己；还可以带孩子去做做运动、听听音乐，或者做他喜欢做的事情。

妈妈还应鼓励孩子多交朋友，扩大自己的交际圈，学会在与人交往的过程中释放压力。

>> 建议四：对孩子进行挫折教育

孩子小的时候，有妈妈的细心呵护，受到挫折的机会较少。而当他们步入社会后，需要独自面对很多事情，遭受挫折是常有的。

如果孩子的成长道路太顺利，当他们一旦面对困难和挫折时，就会不知所措，或者一蹶不振，对生活失去信心，严重者还会出现心理扭曲的现象。

所以，妈妈有必要在孩子的成长过程中，人为地设置一些障碍，让他们体验到挫折的滋味，学会处理和应对挫折，以更好地适应社会。

如让孩子去做一些比较复杂的事情，在这个过程中不要给予帮助。如果孩子失败了，要帮孩子分析失败的原因，引导他找到解决的方法。

这样当孩子再遇到挫折和失败时，就能够坦然面对，并且自己能够主动分析失利的原因，很快从失败的阴影中走出来。

了解孩子心理健康的标准

【教子现场】

李萌的妈妈带他到同事小李家玩。同事有个跟李萌一样大的孩子，叫磊磊。

到了同事家后，磊磊立刻热情地迎了上来，冲着李萌友好地微笑，大方地向李萌介绍自己，然后把自己的玩具拿出来给李萌玩。

李萌自始至终一句话也没说。他冷冷地接过玩具，连"谢谢"都没有说，就自顾自地跑到一边玩起来了。

"咱俩一起玩吧，两个人一起玩更有意思。"磊磊友善地说。李萌撇了撇嘴，极不情愿地答应了。

在两人玩的过程中，李萌的妈妈夸奖了磊磊一句："磊磊真聪明。"谁知这让李萌很不高兴。他愤怒地将玩具摔在地上，冷眼看着妈妈。妈妈不知道发生了什么事。

同事将李萌妈妈叫到一边，悄悄地对她说："你们家孩子的心理是不是不太健康？我买了一本这方面的书，你可以看看。"

李萌的妈妈翻开书，对比书上的内容一看，果然是这样。她开始后悔自己以前忽略了对孩子这方面的教育。

【案例解析】

李萌的妈妈由于不了解孩子心理健康的标准，所以疏忽了儿子的问题。如果就这样继续下去，势必给孩子的成长和人际交往带来更大的问题。这是需要妈妈们注意的。

据调查发现，我国4～16岁的少年儿童中，心理和行为问题的发生率高达13.9%。

很多妈妈常常没有意识到要关注自己孩子的心理健康问题，往往等到孩子出现不良行为之后，才知道孩子的心理有了问题。

所以，妈妈有必要了解孩子心理健康的标准，以判断孩子的心理是否健康，从而才能够更好地帮助孩子建立健康的心理。

专家认为，一个心理健康的孩子应具备以下特征。

第一，具有良好的个性。乐观、平和、谦虚、大方、活泼、善良、自尊自信、乐于助人，并具备较好的情绪控制能力。

第二，有良好的生活习惯。包括睡眠、饮食、行为等方面。

第三，智力水平正常。孩子的智力水平存在差异，但只要智力水平正常就可以了。智力水平可以从语言水平等方面来测定。

第四，具有良好的心理素质。对环境有一定的适应能力，对外界的刺激不会表现出偏激的反应。如果孩子经常表现出过度恐惧、忧郁、孤僻、多动等状况，说明心理存在问题。

第五，好奇心和记忆力较强。如果一个智力正常的孩子，对新鲜事物毫无兴趣，或者记忆力很差，那么这个孩子的心理肯定出现了问题。

第六，能够与人友好和谐地相处。心理健康的孩子，没有猜忌心和严重的嫉妒心，乐于跟他人交往，能悦纳他人，并很快融入到集体中。

第七，热爱生活。能够以积极的心态投身于生活之中。

妈妈要随时关注孩子的情绪和行为表现，发现其背后的心理问题，给予孩子心理上的引导与呵护，这甚至比爱护孩子身体更为重要。

【给妈妈的教子妙方】

▶▶ 建议一：教孩子学会了解自己，悦纳自己

一个心理健康的人，既能了解自己，也能悦纳自己。他们既能悦纳自己的优点，又能面对自己的缺点，并作出客观的评价。

而一个心理不健康的人，则总是对自己不满意，自卑、自责，和自己过不去，心理无法平衡。

妈妈应该帮助孩子，使其看到自己的优点和缺点，让孩子能够发扬自己的优势，同时坦然面对和接受自己的缺陷。

当孩子沾沾自喜时，要提醒他看到自己的缺点；当孩子感到自卑时，要引导他看到自己的优点，让孩子能全面客观地认识自己，从而拥有健康的心理。

▶▶ 建议二：鼓励孩子多参加集体活动

心理不健康的孩子，大多不爱参加集体活动，害怕跟人交往，人缘差，结果变得冷漠孤独。所以，妈妈应该鼓励孩子多参加集体活动。

孩子在参加集体活动的过程中，不仅可以学会如何跟人相处，使性格变得活泼开朗，还能够愉悦身心，使消极情绪得到宣泄，在内心产生一种愉悦感和满足感。

姗姗放学后，会和小区里的伙伴们在花园里玩。

一次，姗姗不小心被小伙伴涛涛撞倒在地上，姗姗跟涛涛理论时，正好被妈妈看到了。妈妈问明情况后，把涛涛骂了一顿，并把姗姗带回了家。

从那以后，妈妈不许姗姗出去玩了，因为她怕姗姗受到伤害。姗姗的性格

也变得越来越孤僻了。

孩子在和同伴们一起玩的时候，难免会有磕磕绊绊，妈妈大可不必小题大做。

正是这些磕绊和小冲突，能够使孩子学会坚强、学会如何处理与他人的关系，学会如何控制自己的情绪。这对孩子的心理成长是大有好处的。

>> 建议三：培养孩子广泛的兴趣

如果孩子有广泛的兴趣，就不会过度关注自我，不良情绪也会在兴趣活动中得到宣泄和转移。

兴趣还会像一根纽带一样，将兴趣相同的孩子连接起来，让孩子学会跟人融洽相处。

洋洋是一个性格自卑内向的孩子，不善于跟别人打交道。妈妈想了很多办法，想提高他的自信，效果都不佳。

一次偶然的机会，妈妈发现洋洋的乐感很好，于是就送他去学钢琴。洋洋学得很快，赢得了老师和同学的赞赏。

洋洋被选入了校乐队，还代表学校去国外演出。洋洋变得自信多了，也有了很多朋友。

正是妈妈发现了洋洋的兴趣，并让他发展自己的兴趣，才让洋洋找到了自信，还学会了跟人打交道。

所以，从孩子小时候起，妈妈就应该培养孩子的各种兴趣，如游泳、唱歌、绘画等，让孩子选择一两项进行发展，丰富孩子的生活，陶冶孩子的性情。

>> 建议四：让孩子多从事体育运动

体育运动不但能够增强孩子的体魄，还能锻炼孩子的意志力和培养乐观的生活态度。

身体健康的孩子，能够适应日益繁重的学习，这样他们的心理才不会出现问题。而意志力坚强的孩子，能够坦然面对困难和挫折，心理会更健康。

所以，要想使孩子拥有健康的心理，妈妈就要让孩子多从事体育运动。

孩子小的时候，可以让他从事一些简单的体育运动，如跳绳、跑步等；当孩子大一些时，可以带孩子去爬山、滑雪等。

妈妈要学点心理学知识和心理辅导技巧

【教子现场】

　　小雪是名高一学生，她从小是个讨人喜欢而乖巧的女孩，父母都很为她骄傲。

　　但让父母没有想到的是，有一天，老师打电话来，说小雪早恋了。妈妈很生气，决定等小雪回来后，好好质问她。

　　小雪回来了，冷冷地跟爸爸妈妈打了个招呼，就径直走向自己的房间了。

　　"站住，你小小年纪就谈恋爱，你害臊不害臊？"只听得背后妈妈如雷鸣般的声音。

　　"就是就是。"爸爸也在一旁附和道。

　　"有什么害臊的，我们班谈恋爱的多了，有什么大不了的？"小雪大声反驳着。

　　"你还有理了，你早恋就是不对，还犟嘴。"说完，妈妈一巴掌打在了小雪脸上。

　　小雪捂着被打疼的脸，冲到窗边就要往下跳，还好爸爸眼疾手快，及时拉住了小雪……

【案例解析】

　　在上面的案例中，小雪的妈妈缺乏有关青少年的心理学知识，不了解对异性产生好感是青春期孩子正常的心理现象，并对女儿的"早恋"采取了错误的处理方式，因而险些酿成惨祸。

　　作为孩子的第一任老师，妈妈对孩子的引导和教育具有最直接、最深远的影响，它决定了孩子能否用健康的心态去生活和学习。

　　现在的孩子越来越多地出现自私、自闭、偏执和多疑等心理障碍性问题，严重地影响了孩子的学习、生活、心理及健康。

　　据调查发现，多数孩子出现心理以及行为问题，是由于其妈妈"不合格"。

　　孩子之所以出现心理障碍，与学业繁重、妈妈对他们期望过高等有密切关

系。这使得孩子的精神负担越来越重，而妈妈又不理解孩子，不善于和孩子沟通，所以孩子会出现心理问题。

如果妈妈懂一点心理学知识，就会了解孩子的心理特点，知道如何跟孩子沟通，从而走进孩子的心灵世界，有效地引导孩子健康成长。

孩子的心理特点跟成人不一样。懂得了孩子的心理特点后，妈妈就不会用成人的标准去要求孩子，而是正确地对待孩子、尊重孩子，形成正确的教子观。

懂得一点心理学知识，有助于妈妈了解孩子，从而引导孩子发展自己的特长，为孩子提供一个良好的成长环境。

懂得一点心理学知识，还能让妈妈学会反思和调整自己的心态，正确看待自己和孩子之间的关系。

所以，妈妈一定要学一点心理学知识和心理辅导技巧。

【给妈妈的教子妙方】

▶▶ 建议一：多读教育心理学方面的书籍

要想了解孩子的心理，学习心理辅导技巧，妈妈就应该多买一些好的教育心理学方面的书籍，并且每天有计划地阅读。

让自己多一些理论知识，并在实践中积极尝试书中的先进理念和方法，妈妈一定会取得很好的教育效果。

小航做事总是慢吞吞的，并且越是催他，他越慢，妈妈只好在一旁干着急没办法。

有一次，妈妈去书店看到一本不错的家庭教育书，上面正好有怎么改正孩子慢吞吞的习惯的方法，便买了回来。

妈妈照着上面的方法去做，当小航又慢吞吞的时候，妈妈不再催促他，而是表扬他："不错，今天的速度比昨天快了一分钟。"

时间长了，妈妈发现小航做事越来越快了。

妈妈还应多看心理访谈类节目，上网查看心理学知识，积极参加家教讲座，还要跟其他的妈妈互相分享教子心得。当孩子出现严重的心理问题时，要向专业的心理咨询师咨询。

>> **建议二：了解孩子不同时期的心理特点**

孩子的心理，在不同的时期有不同的特点。例如，在儿童期时，孩子心理的特点是：好奇心强、喜欢模仿、求知欲强、可塑性强，但是意志力差，依赖性强，情绪容易波动。

而当孩子进入青春期后，自我意识逐渐增强，希望有自己独立的空间。独立性与依赖性的矛盾，是这一时期孩子最突出的特点。

一方面，孩子觉得自己已经长大了，希望能和大人拥有平等的地位，凡事可以自己做主，希望摆脱大人的管束。

另一方面，他们的知识、阅历有限，还无法摆脱对妈妈的依赖。这种矛盾心理，使得他们不知道如何跟妈妈相处，与妈妈的"代沟"逐渐形成。

如果妈妈不了解孩子这一时期的心理特点，就会跟孩子发生冲突，甚至争吵，使得亲子关系紧张。

如果妈妈了解孩子这一时期的心理特点，就会正确应对这种现象，从而给孩子创造民主、平等的家庭氛围，帮助孩子成长。

所以，妈妈一定要了解孩子不同时期的心理特点，给予孩子及时、正确的心理辅导。

>> **建议三：学会跟孩子谈心**

跟孩子谈心，是调整孩子心理状态、对孩子进行心理辅导的最好方法。可惜，大多数妈妈其实并不懂得如何跟孩子谈心。

"妈妈，我有话跟您说。"王浩用哀求的语气对妈妈说。正在看书的妈妈并没有放下手中的书，视线也一直没有离开书，心不在焉地说："嗯。"

王浩怕耽误妈妈的时间，只好快速地把要说的话说完。

后来妈妈发现，王浩跟她说话时，竟然有点结结巴巴，并且妈妈多跟王浩说两句话，王浩就爱答不理的了。

经过反思，妈妈知道了她以前的行为已经伤害了王浩的心灵。

跟孩子谈心，最重要的一点就是学会倾听，只有这样，孩子才会将自己的心里话说给妈妈听。

在谈话过程中，妈妈要始终用温柔的眼光注视着孩子，用心倾听。在开口前，妈妈把要讲的道理想清楚，然后讲给孩子听。

谈话过程中，要允许孩子反驳，这样可以让孩子说出自己的想法，妈妈才能够更充分地了解孩子的思想，使谈话更有针对性，效果会更好。

心理是否健康直接影响孩子的成绩

【教子现场】

"小溪，来，吃个鱼头，这可是补脑的啊，吃完了，就去学习，一定要考上重点高中。"汪溪的妈妈一边说，一边把鱼头夹到了汪溪的碗里。

"你知道吗？我们单位小王和小李的孩子，去年都考上重点高中了，你可得给妈妈争脸啊。"说着，妈妈又把很多好吃的夹到了汪溪的碗里。

望着堆积如山的佳肴，听着妈妈的絮叨，汪溪一点胃口也没有。他觉得压力像一座山一样，简直要把他压垮了。

可妈妈根本就没注意到这些。她只知道让他学习，给他做好吃的，却不关心他的感受。

中考的日子到了，汪溪由于压力太大，进入考场后感觉头晕目眩，头脑里一片空白，平时成绩优异的他，竟然只是勉强考上了普通高中。

这让他的妈妈大为不满和困惑。后来请教了心理学专家，妈妈才知道，汪溪在巨大的压力下，患上了考试恐惧症，所以没有考好。

【案例解析】

中国科学院心理研究所博士生导师王极盛教授，从 1999 年开始对全国的高考状元进行跟踪调查，并且对北京市 3 万多名中学生进行了心理测验。

结果发现，考生考试中和考前的心理状态，是影响高考成绩的最重要的因素，其次才是学习方法和学习基础。

换句话说，就是平时成绩差不多的孩子，由于心理状态的差异，成绩会大不相同。心理状态调节得好的，成绩可能会比平时提高 60～100 分；而心理状态调节得不好的，成绩可能会比平时低 50 分甚至更多。

可见，孩子的心理健康与否，是与他的成绩直接挂钩的。

这是因为心理健康的孩子，能够主动调节自己的心理压力，发挥出自己的水平，甚至是超常发挥；而心理不健康的孩子，不会调节心理压力，会产生一系列身心问题。

在平时的学习中，心理健康的孩子，更能集中注意力，学习的效率也更高；而心理不健康的孩子，则很容易被别的事情吸引注意力，学习的效果肯定不会很好。

心理健康的孩子，通常有明确的学习目标和学习计划，懂得学习的重要性；而心理不健康的孩子，则通常很迷茫，不知道为什么读书，最终产生厌学情绪，从而影响学习成绩。

所以，当你抱怨"孩子很聪明，成绩却不好"或者"孩子学习很努力，可成绩总是上不去"时，应该更多地去关注孩子的心理是否健康。

【给妈妈的教子妙方】

>> 建议一：不要给孩子太大的心理压力

很多孩子学习成绩不好，并不是他们不聪明，而是因为妈妈给了他们太大

的心理压力。

有不少妈妈，当孩子学习成绩不好时，就会在孩子面前表现出失望、生气、沮丧的情绪，这会给孩子带来很大的心理压力。

王晶的成绩一直不错，妈妈还比较满意。

但有一次，由于没复习好，考得不理想。妈妈知道后，就经常在她面前唉声叹气，还说："这可怎么办啊？""看来这孩子是没什么出息了。"

王晶因此心理压力特别大，每次考试心里都特别紧张，考试成绩也就可想而知了。

孩子的成绩不好，他的内心也一定很伤心、难过，如果妈妈再在他面前表现出这些情绪，甚至说一些难听的话，孩子就会产生自卑、内疚心理，成绩更难提上去了。

而当孩子的心理压力大到他们承受不了时，他们还会产生厌学情绪。

所以，妈妈应该多鼓励孩子，帮他们树立自信心，让他们相信自身的能力，从而能更好地学习。

当孩子压力过大时，妈妈还应该及时帮助他解压。

》》 建议二：帮助孩子建立良好的人际关系

如果孩子的人际关系比较差，经常跟同学发生矛盾与冲突，就会让他们觉得待在学校里没意思，容易厌学逃课。

墙上的钟已经指向八点了，可宋勇还在那里发呆，没有开始写作业。

妈妈看出他有些不对劲儿，过来关切地问道："儿子，是不是哪儿不舒服啊？"

"同学们说我冷冰冰的，都不喜欢我。"宋勇郁闷地回答道。

妈妈这才知道，宋勇在班上的人际关系不好，使得他无心学习。

"那你应该让自己多点笑容，主动跟同学打招呼，和他们一起玩，多帮帮他们，关心关心他们，他们自然就会喜欢你了。"

沉默了一会儿，宋勇说："哦，我试着去改变自己吧，对同学好一点"。

从那以后，妈妈听说，宋勇在学校对同学越来越友好，学习时再也不走神了，还自信了很多。

那些人际关系好的孩子，少了和同学相处的烦恼，可以心无杂念地投入到学习中去，学习成绩自然会好一些。

所以，妈妈要鼓励孩子多和同学接触、多参加集体活动，和同学建立良好的人际关系。

>> 建议三：培养孩子优良的心理素质

妈妈不应该只注重孩子的学习成绩，还要注重培养孩子良好的心理素质。

因为在孩子成长的道路上，总会遭遇失败和挫折，而心理素质的好坏，会直接影响到他们的学习和生活。

妈妈应该注重培养孩子的独立性，孩子的事情尽量让他自己去做，妈妈不要包办代替。这样孩子学习上才会更有主动性，更有自信。

妈妈还应磨炼孩子的意志力，培养他们战胜困难的能力，并且教给他们一些战胜挫折和失败的策略，如适当调整目标等。这样当孩子面对挫折时，才知道如何去应对。

健康心理有利于孩子塑造完善的人格

【教子现场】

江红一直是班里的尖子生，每次考试都是名列前茅，因此妈妈对她百依百顺，宠爱有加。

妈妈过分的疼爱，让江红的心理起了变化。她开始唯我独尊，自以为是。同学问她难题，她就嘲笑同学笨。这让同学们都对她避而远之，不再跟她交往了。

江红在学校里没有朋友，回到家又受到妈妈的百般宠爱，她的心理逐渐出现了问题，变得自私、孤僻、冷漠起来。

有一次下着大雪，妈妈送江红去学校。妈妈一只手帮她提着书包，一只手撑着伞，艰难地行走着。江红却觉得这是理所当然的，还不停地催促妈妈快一点儿。突然，妈妈脚下一滑，摔倒了，江红不仅不去扶妈妈，还一个劲儿地埋怨道："您怎么那么笨啊，竟然会摔倒，快点起来，不然我就迟到了。"

妈妈摔得手臂生疼生疼的，见女儿不仅不来扶自己，还说这样的话，伤心极了。她不知道自己的女儿为什么变得如此冷漠。

【案例解析】

上例中的江红虽然在学习上是尖子生，但她的人格是不健全的，这样的孩子将来会难以适应社会需要，其生活也不会幸福。

人格是指一个人心理特点的总和，也就是一个人经常稳定地表现出来的心理特征，包括性格、能力、气质、兴趣、爱好以及社会倾向等。

拥有健康人格的孩子，应具备以下几个特征。

第一，对妈妈及其他亲人、朋友等，具有表达爱的能力。

第二，能够专注于某些活动，并且是这些活动的真正参与者。

第三，具有安全感。

第四，能够客观、全面地看待世界。

第五，能胜任自己的工作。

第六，能够客观地评价自己；

第七，具有坚定的道德观和价值观。

一个心理健康的孩子，拥有正常的智力，注意力很容易集中，这样就能够专注于某些活动之中。

一个心理健康的孩子，能够悦纳自己，客观评价自己；同样也能悦纳别人，客观对待别人。这样他就懂得爱他人，并且懂得客观地看待世界。

一个心理健康的孩子，是热爱生活的，积极投身于生活中，能够享受到生活的乐趣，同样也能将热情投身于工作、学习中去。

一个心理健康的孩子，能够很好地控制和调节自己的情绪，既不妄自尊大，也不胆小懦弱，能够正视现实，接受现实。

妈妈要让孩子在性格、能力、气质和兴趣等方面和谐平衡地发展，有助于培养孩子完善的人格。

所以，妈妈要帮助孩子建立健康的心理，以完善孩子的人格。

【给妈妈的教子妙方】

▶▶ 建议一：创造一个良好的家庭氛围

良好的家庭氛围，会潜移默化地影响到孩子的心理，对孩子心灵的塑造起着重要作用。

妈妈生病了，爸爸又出差了，照顾妈妈的任务就落在了娟娟的身上。

娟娟陪妈妈去看医生，回来后她认真地对妈妈说："妈妈，今天我来做饭，您就躺着休息吧。"说完，娟娟倒了杯白开水给妈妈，让妈妈吃药，自己则去厨房做饭。

看到娟娟如此懂事，妈妈特别感动和欣慰："娟娟，谢谢你。"

"这是我应该做的，上次奶奶生病，您不也很细心地照料着嘛。"娟娟说。

妈妈这才知道，自己平时的一言一行，对孩子有这么大的影响。

"健康的心理存在于和谐的关系中"，如果妈妈对老人尊重、孝敬，对待他人宽容、友善，夫妻双方理解、信任，使家庭有一个融洽和谐的氛围，孩子就能从中学习到宽容、信任等良好品质。

父母的言行举止反映了他们的观念和态度，而父母的观念和态度构成了特定的家庭氛围。良好的家庭氛围，不仅有利于孩子健康心理素质的培养，也有利于培养孩子健全的人格。

▶▶ 建议二：帮孩子建立积极的情绪状态

积极的情绪，能够促进孩子认知的发展，激发孩子的兴趣，让孩子能够与他人友好相处，从而建立健康的心理素质。

小欧的妈妈正在家里拖地，忽然听到一阵急促的敲门声。她赶紧开门，只见邻居张立的妈妈气愤地对她说："你们家小欧也太不像话了，张立只是说了句话，就被他打得鼻青脸肿。"

小欧这两天因为没考好，爸爸妈妈看出他情绪不好，可也没太在意，以为过两天就好。没想到小欧把情绪都压抑在心里，遇到一点儿事就大动干戈，这让妈妈感到了事态的严重性。

拥有不良情绪的孩子，很容易形成忧郁、内向、封闭、暴躁、脆弱的心理特质。他们往往无法跟他人友好相处，甚至还会因为一些不当的情绪行为而被他人排斥。

所以，妈妈要帮孩子建立积极的情绪状态，让他们养成健康、稳定的心态。

▶▶ 建议三：培养孩子开朗、乐观的性格

开朗、乐观的性格，既是一种健康心理状态的呈现，也是完善人格的核心组成部分。

调查显示，开朗、乐观的人不仅身体较为健康，婚姻生活较为幸福，事业上也较易获得成功。所有这些，既是形成完善人格的基础，反过来也有助于人格的完善和提高。

要培养孩子开朗、乐观的性格，妈妈要注意日常生活的点滴积累。例如，妈妈要根据孩子的性格和年龄特点，采取相应的教育方式，不要对孩子提出过高的学习和生活的要求。

妈妈要多鼓励孩子与同伴交往、游戏，因为这是孩子的成长方式。孩子在游戏中可以学会关注他人，平衡自己和外部世界的关系，感受集体的温暖，免受孤独、忧郁的侵袭。

妈妈要让孩子学会勇敢地面对失败和挫折，培养孩子的抗挫折能力，要让孩子看到失败、挫折的积极意义，从中找到真正的自信。

妈妈还要鼓励孩子参加社会实践，让孩子接触社会，提高交际能力和适应社会的能力，并帮助孩子树立正确的人生观和价值观。

通过察言观色洞悉孩子的内心世界

【教子现场】

周末，段颖该去上书法班和小提琴班。可她并不喜欢这两门课，于是她在房间里磨磨蹭蹭，不愿意出来。

见段颖还没出来，妈妈过来敲门："段颖，东西准备好了吗？"

"好了。"段颖有气无力地答道。又过了好一会儿，段颖才从房间里出来，并且是愁眉苦脸的样子。

粗心的妈妈并没有注意到段颖的异常举动，反而责备她说："你怎么这么慢啊，一会儿该迟到了。"

段颖本来就心烦，听到妈妈这样说，她更郁闷了，索性不搭理妈妈，径直走了出去。"这孩子，怎么越大越没礼貌了。"妈妈嘀咕着。

两个月后的一天，妈妈说要检验一下段颖的学习成果，于是让段颖用毛笔写几行字给她看看。谁知段颖极不情愿，半天才写了几个字，歪歪扭扭的，还把墨汁洒了一地。

妈妈气愤地冲段颖吼道："我花那么多钱给你报班，让你学书法，你就写成这样啊？小学一年级的学生都比你写得好！你对得起爸爸妈妈吗……"

妈妈不停地说着，段颖委屈得哭了。

【案例解析】

像很多妈妈一样，段颖的妈妈事先并没有了解段颖的想法，就擅作主张替段颖报了班。后来，妈妈也没有通过段颖的举动了解她的内心，结果是花了钱，却没有收到预期的效果。

孩子的世界和大人的是不一样的。孩子的内心世界丰富多彩，而大人的内心世界则要苍白得多。

孩子想的是"我要做什么"，大人想的是"你该做什么"；很多事情在孩子眼里是真实、正常的，在大人看来却是错误、荒唐的……

因此，在日常教育中，妈妈不能从自己的立场出发，去揣测孩子的想法，更不能把自己的想法强加给孩子，否则，会事与愿违，妈妈和孩子都不会感到开心。

妈妈会因孩子达不到自己的期望值而苦恼，孩子则因妈妈要求他做自己不喜欢的事情而苦恼。这甚至会引发妈妈与孩子的"亲子大战"。

因此，妈妈应该走进孩子的内心世界，了解孩子的想法，根据孩子的心理特点，选择行之有效的教育方法，这样才能获得双方都满意的结果。

走进孩子内心世界的最好办法，就是察言观色。因为只有了解了孩子的喜怒哀乐，才知道如何跟孩子沟通；只有和孩子有了正确的沟通，才能进入孩子的内心世界。

所以，每一位妈妈都要培养对孩子察言观色的能力。

【给妈妈的教子妙方】

>> 建议一：通过表情了解孩子的喜怒哀乐

这个方法适用于孩子小的时候。因为孩子小的时候，往往不懂得隐藏自己的情绪，高兴或者伤心、生气，往往都会写在脸上。通过观察孩子脸上的表情，妈妈就可以洞悉他的内心世界。

小琴从进家门开始，就一言不发，脸上的表情也很沮丧，完全没有了平时的活泼劲儿。

细心的妈妈注意到了这一点，关切地询问："小琴，今天怎么了？是不是哪里不舒服？还是遇到不开心的事了？说出来，看妈妈能不能帮你。"

小琴从书包里拿出一张语文卷子，递给妈妈。妈妈一看上面的分数"82"全明白了。小琴的语文成绩很好，平时都是90分以上，这次只考了82分，难怪她会难过。

"小琴，一次没考好并不代表什么，不要灰心……"

在妈妈的安慰下，小琴的心情好多了。

当孩子愁眉苦脸时，一定是遇到不开心的事情了；而当他神采飞扬、喜笑颜开时，一定是遇到开心的事情了；当孩子撅着嘴时，说明他不愿意做某事等。

妈妈只要花点心思，留意观察孩子的喜怒哀乐，就很容易知晓孩子的内心状态。

▶▶ 建议二：要留意隐藏的情绪变化

随着孩子的长大，他们不再把所有的喜怒哀乐都写在脸上，而是会隐藏自己的情绪，所以，妈妈观察的深度和广度都要有所增加。

妈妈不光要留意孩子表面的情绪变化，更要留意其隐藏的情绪表现，尤其是那些负面情绪。这样才能及时了解孩子，不错过帮助孩子的最佳时机。

孩子坐着时不断地抖脚，说明他内心感到不安；孩子低着头，手抚摩着额头，说明他感到羞愧；孩子抓头发、捶头，说明他感到烦躁；孩子沉默，表示他对你感到失望等。

妈妈观察到孩子出现这些举动时，千万不可掉以轻心，而要抽出时间来同孩子倾心交谈。

妈妈应该注意的是，在交谈时语气要温和、关切，否则，可能会引起孩子的反感。

▶▶ 建议三：在交谈中深入了解孩子

交谈是了解孩子内心世界的重要途径，妈妈要懂得如何与孩子交谈。

在和孩子进行交谈时，妈妈不能只是点头或回答"嗯"、"哦"等，这样会让孩子觉得你是在敷衍他，失去继续交谈的兴趣，而妈妈也无法得到自己所需要的信息。

妈妈应该适时地参与进去，让孩子觉得你是关心他的，对他说的话是感兴趣的。这样可以让谈话顺利地进行下去，更能让孩子对妈妈敞开心扉。

如孩子和你谈论班上同学追星的狂热举动，你可以适时地问他："你对这件事情有什么看法呢？你会这样做吗？"通过孩子的回答，你就很容易知道他内心的看法。

妈妈也不要一味地向孩子灌输自己的想法，这样会让孩子觉得妈妈专制、对他不够重视，从而不愿意多说话。妈妈应该适时地静下来，倾听孩子如何说。

察言观色是与孩子沟通的前提。只有通过察言观色，妈妈才能真正进入孩子的内心世界，及时发现他们存在的问题，并帮助孩子解决这些问题。

教孩子学会接纳自己的不完美

【教子现场】

小江在做数学作业，碰到一道题不会做，于是去问正在看杂志的妈妈。

妈妈思考了一会儿之后，开始给小江讲解题方法。可一连讲了两遍，小江还是没有听懂。

开始还很有耐心的妈妈一下子火了，冲着小江大声说道："你怎么这么笨啊，脑筋怎么就是转不过弯来呢？真搞不懂怎么就生了你这么笨的一个孩子。"

小江的成绩不太好，他原本就感到自卑，听了妈妈的话，他难过地哭了。

此后小江变得沉默寡言，害怕跟人打交道，生怕别人说他笨，成绩也越来越差了。

【案例解析】

俗话说："金无足赤，人无完人。"每个人都有不完美的地方，孩子也一样，如反应较慢、不爱学习、胆子小等。

妈妈总希望自己的孩子是完美的，既要学习成绩好，又要漂亮可爱，还要多才多艺……

当孩子的表现与自己的期望值有偏差时，如考试没考好、跟同学打架了等，妈妈就会感到失望、失落，甚至会严厉地批评、责难孩子。

孩子的弱点、缺点，本来就让他们产生自卑感，倘若还遭受妈妈的批评、呵斥，更会让他们对自己感到不满甚至嫌弃，从而产生悲观失望的情绪。

妈妈爱孩子，就应该接纳孩子的不完美。如果孩子有缺点或者做错了事情，妈妈应该就事论事，给予孩子正确的指导，而不是对他们进行鄙视、嘲笑。

妈妈还应该教孩子学会接纳自己的不完美，用健康的心态顺利成长。

如果妈妈不能给予孩子正确的引导，孩子的心理就会朝着不健康的方向发展，甚至可能患上抑郁症等精神疾病。

【给妈妈的教子妙方】

≫ 建议一：不说伤害孩子自尊的话

妈妈要学会控制自己的情绪，当孩子的表现不如意时，妈妈切忌简单粗暴地训斥孩子，尤其不能说"你怎么这么笨啊？""你怎么连这点出息都没有啊？"等伤害孩子自尊的话。

因为这会让孩子更加不自信，更加不能接受自己的不完美，甚至产生逆反心理、自暴自弃等，从而让妈妈更加感到失望。

"你是怎么教育孩子的？孩子的成绩这么差，一点自理能力都没有?"赵文勇的爸爸生气地对文勇妈妈说。

"孩子难道不是你的吗？你就没有教育的义务吗？"妈妈不甘示弱地回了一句。

正在气头上的妈妈，看到一旁的赵文勇，没好气地说道："都是你这个不中用的东西闹的。"爸爸对他也没有好脸色，赵文勇的内疚感更加强烈了。

晚上，赵文勇躺在床上怎么也睡不着，妈妈的话一遍又一遍地在他耳边回响，他越想越难过。清晨，他留下一封信后，离家出走了。

孩子学习成绩差、自理能力差，妈妈应该给予耐心的帮助和指导，而不是训斥。

其实很多妈妈训斥孩子，是想让孩子意识到自己的缺点和不足，可是如果采用粗暴的方法，只会让孩子信心尽失，甚至做出极端的行为。

≫ 建议二：不拿孩子做不当比较

每个孩子都有自己的个性和特点，优点和缺点也各不相同。很多妈妈往往拿别人孩子的优点，来跟自己孩子的缺点作比较。

有的妈妈经常会这样说："你看人家隔壁小丽怎么样，你怎么一点也比不上人家呢？"

妈妈这样做，只会打击孩子的自信心，让孩子看不到自己的优点。

妈妈应该承认孩子之间的差别，让孩子了解自己的特点。对于孩子的弱点，妈妈不应该打击，而要引导孩子发挥运用自己的特长，学会取长补短。

>> **建议三：善于发掘孩子的优点**

有的妈妈认为，只有学习成绩好的孩子才是优秀的，而往往忽略了孩子其他方面的才华。这种评判标准，会让学习成绩不好的孩子感到迷茫、自卑。

张慕妮回到家，对正在做饭的妈妈兴奋地大喊："妈妈，我的舞蹈在学校举行的元旦晚会上获得了一等奖。"

张慕妮满以为妈妈会表扬自己，没想到妈妈头也不抬地说："这有什么，学习成绩不好，跳舞好有什么用，学生的主要任务就是学习……"

妈妈的话，让张慕妮的兴奋劲儿一下子就没了。

孩子是否优秀，学习成绩并不是唯一的评判标准，一个品德高尚的孩子是优秀的，一个唱歌唱得好的孩子也是优秀的……

只要孩子在某方面很出色，他就是优秀的。妈妈应该用心了解孩子，看孩子对什么感兴趣，有哪方面的天赋，并对其进行鼓励，这样才能让孩子健康成长。

不要侵犯孩子的"隐秘"世界

【教子现场】

张馨的爸爸发现信箱里有一封寄给张馨的信，并且信封上的字迹遒劲有力，爸爸觉得很有可能是男生写给张馨的。

爸爸把这事跟妈妈说了，两人猜测：是不是女儿交男朋友了？这可不是一件小事啊。两人一商量，决定对女儿进行"审问"。

爸爸把信交给张馨，开始"审问"起来："信是谁写来的啊？字写得不错啊，是不是男同学写来的？"

张馨一看信封，立刻坚决地否认道："不是，是女同学写来的。"

可爸爸妈妈根本不相信她的话。爸爸继续说："你可不要欺骗我们啊，既然你说是女同学写来的，你敢当着我们的面拆开信让我们看看吗？"

妈妈也在一旁附和着。见爸爸妈妈还是不相信自己，张馨急了："这是同学写给我的信，凭什么要给你们看啊？"

"我们是你的爸爸妈妈，为什么不能看你的信?"爸爸不依不饶。

张馨气得一下子把信撕碎了，然后冲进自己的房间，"砰—"的一声关上门。

【案例解析】

随着孩子年龄的增长，他们会逐渐形成自己的思想，渴望拥有自己的独立空间，能够储藏自己的"秘密'。

这些"秘密"，是他们成长过程中的一种经历、感觉或情绪体验等。尽管这些"秘密"在妈妈看来并没有什么大不了，可孩子的"秘密"是神圣的，即便是妈妈也不能侵犯。

如果妈妈强行闯进孩子的独立空间，去窥探他的"隐秘"世界，就会导致如下不良后果。

首先，会伤害孩子的自尊心。

如果妈妈要强行了解孩子的"秘密"，甚至将孩子的"秘密"公之于众，会严重挫伤孩子的自尊心，让他感到无地自容。

其次，会破坏孩子跟同学之间的友谊。

孩子的"秘密"通常会涉及自己的同学，如孩子跟同学做了一件事，相互约定保密。如果"秘密"被妈妈知道了，并说出去，必然招致同学的不满，从而破坏孩子和同学的友谊。

最后，还会破坏妈妈与孩子的亲密关系。

如果妈妈经常侵犯孩子的"隐秘"世界，就会使孩子对妈妈产生不信任，甚至反感。妈妈若不做出补救，就会跟孩子产生隔阂，再教育孩子就不那么容易了。

【给妈妈的教子妙方】

>> 建议一：允许孩子有自己的秘密

妈妈要认识到，孩子是一个独立自主、有思想的个体，需要在自己的内心保留一块空间。

孩子拥有的秘密并非不健康，只要不涉及道德品质等原则性问题，妈妈对于孩子的秘密应予以尊重。否则，孩子可能会为了保护自己的"隐私"，而学会有目的的撒谎。

妈妈应该明白，对于孩子而言，与妈妈分享自己的秘密不是义务，而是他对妈妈一种额外的信任，一份特别的回报。

孩子愿意和妈妈分享他的秘密，固然值得欣慰，但妈妈千万不要为了获取孩子的秘密，而失去孩子的信任，这样做是非常愚蠢的。

▶▶ 建议二：用真诚取得孩子的信任

妈妈应该通过真诚的沟通、真切的关怀等方式赢得孩子的信任，让孩子感觉到妈妈所做的一切，都是出于关心理解他的目的，是他值得信赖的朋友。

比如孩子在写信或者日记时，如果妈妈很想看，应该先问一句："孩子，在写什么呢，可以让我看看吗？"得到孩子的允许后才能看。如果孩子不同意，就不要偷看。

帮孩子整理书包或者房间，最好让孩子知道。妈妈不要随便进孩子的房间，翻动他的东西。只有这样，孩子才愿意主动分享他的经历、感受。

小雅正在写日记，妈妈敲门进入她的房间。小雅怕妈妈会偷看自己的日记，赶紧合上了日记本。

妈妈见状笑了，说："虽然妈妈很想知道你日记里的'秘密'，可没有你的允许，妈妈是绝对不会偷看的。妈妈小时候写日记也不希望别人偷看，所以妈妈能理解你。"

见妈妈这样说，小雅主动和妈妈分享起自己的"秘密"。

小雅妈妈的做法是很值得学习的。她尊重孩子的隐私权，也赢得了孩子的信任和尊重。

▶▶ 建议三：替孩子保守秘密

孩子能够主动将自己的"秘密"告诉妈妈，说明他对妈妈是信任的。但是妈妈不能随意将孩子的"秘密"告诉别人，尤其是已经对孩子作出承诺，要替他保守秘密时。

小凡在和妈妈聊天时，告诉了妈妈自己最大的愿望。

"妈妈，你会替我保守秘密吗？"小凡天真地问。

妈妈一边点头一边说："当然会。"听到妈妈这样说，小凡放心了。

可是有一天，妈妈和隔壁的阿姨在客厅聊天，小凡听到妈妈说："哎，你知道吗？我们家小凡的志向可大了……"妈妈说的正是那天小凡告诉她的。

小凡生气地对妈妈说："妈妈，你怎么不守信用呢？以后我再也不跟你说我的秘密了。"

从那以后，小凡很少跟妈妈说自己的事情了。

四处宣扬孩子的"秘密"，会让他对妈妈感到失望。次数多了，孩子就不会再相信，更不会再跟妈妈分享他的"秘密"了。

第二章

教育孩子一定要了解的心理学效应

　　心理学家通过研究，发现了许多奇特的心理现象。这些心理现象是一种客观存在，反映了人们心理活动的规律。认识这些心理现象，巧妙、合理地把它们应用于家庭教育中显得十分必要。

　　父母教育孩子就应该懂得孩子的心理，知晓一些常见的心理学效应对教育孩子不无助益。因为这样父母就能够更加灵活地洞察孩子的内心世界，贴近孩子的内心，使教育达到事半功倍的效果，从而使孩子更加优秀。

模仿效应：做好榜样，胜过千言万语

【教子现场】

王强今年 13 岁，上初二。他爸爸是电子厂的一名工人，妈妈下岗在家。

为了让王强将来能考上好一点的大学，妈妈对他的要求非常严格。如要求他放学后只能待在家写作业，不能看电视，也不能上网玩游戏，作业完不成不准睡觉等。

王强的妈妈经常和邻居打麻将。有一天晚上，王强的爸爸上夜班不在家，妈妈打完麻将回来，碰见王强兴致勃勃地在电脑上打游戏。因为他玩得太专注，居然连妈妈开门的声音都没听到。

妈妈不由得火冒三丈，上去抓住王强就打。王强一边哭一边说："我的作业早写完了。为什么你能玩麻将，我就不能玩游戏？"

王强的话，问得妈妈哑口无言。

【案例解析】

现在的妈妈望子成龙心切，总是要求或者希望孩子比较优秀和成功。可很多妈妈在对孩子要求很严格的同时，却忽略了规范自身的言行举止，没有为孩子树立一个好榜样。

中国有句老话："有其父必有其子。"妈妈希望孩子成为怎样的人，首先自己就要在言行举止中争做那样的人。

妈妈是孩子的第一任老师，是孩子最早的启蒙教育者。妈妈的言行举止，就像一本没有文字的教科书，会潜移默化地影响孩子的一生。

每个孩子都有可能是天才，但只有在正确的教育方法引导下，孩子的潜能才会被充分开发出来。

家庭是孩子成长最重要的环境，作为孩子效仿的榜样，妈妈的言传身教，会对孩子的心理发展及品性形成起到非常关键的作用。

所以，妈妈要想把孩子培养成一个优秀的人，就一定要以身作则，时时处处为孩子树立好的榜样。

【给妈妈的教子妙方】

≫ 建议一：妈妈要以身作则

在日常生活中，孩子和妈妈朝夕相伴，妈妈的一言一行、一举一动，都是孩子效仿的榜样。妈妈的言传身教，会对孩子的心理发展及品性形成起到非常关键的作用。

郝红是一名初三学生，今年 14 岁。她不但学习成绩好，而且非常聪明懂事，乐于帮助别人，在学校受到老师和同学们的一致赞扬，被选为班里的班长。

有一次，学校组织夏令营活动。在这次活动中，郝红处处主动为其他人服务，还把从家里带来的零食拿出来与大家分享。

后来老师了解到，郝红的爸爸长期在外地工作，妈妈一个人在家，无怨无悔地照顾着多病的公婆，是个远近有名的贤惠媳妇。

郝红在妈妈的言传身教下，也养成了乐于付出的习惯。

孩子的模仿力非常强。妈妈是孩子每天都接触的人，妈妈的言行都是孩子效仿的榜样。妈妈要想让孩子成为什么样的人，首先就要以身作则，为孩子作出好的榜样。

≫ 建议二：妈妈要以身示教

作为妈妈，如果总是靠空洞的说教来规范孩子的言行，对教育好孩子根本起不到什么作用。而妈妈自身的言行，是对孩子最好的教育。

张昂是一名初二学生，今年 13 岁。

有一次，张昂和妈妈一起坐公交车，见一位头发花白的老奶奶上来了，张昂忙站起来给老奶奶让座。

妈妈暗地里拉了她一下，低声说"这又不是在学校，让什么座。"

张昂不解地问道："您不是经常要求我尊老爱幼吗？在公交车上遇到老奶奶，难道不应该主动让座位吗？"问得妈妈哑口无言。

在日常生活中，妈妈凡是要求孩子做到的，自己必须先做到，妈妈以自身的言行为孩子作出模范榜样，比空洞的说教有用得多。

妈妈一定要严于律己，在日常生活中，以优良的行为准则和良好的道德品质严格要求自己，只有这样对孩子才有说服力。

>> 建议三：妈妈要求知善思

现在的妈妈望子成龙心切，经常对孩子说"要努力学习"之类的话，而自身却对读书非常冷淡，认为学习是孩子的事情，和自己无关。

妈妈这样的态度，不但影响自身的提高，也潜移默化地会影响孩子的成长。

所以，作为妈妈，要想让孩子努力学习，自己就必须先做到渴求知识和善于思考，为孩子树立一个求知善思的好榜样。

南风效应：孩子表现不好，关怀、激励最重要

【教子现场】

吕超是一名12岁的男孩，今年上初一。

妈妈怀着他的时候，有一次不小心摔了一跤，使得李超提前两个月出生。为此，李超的身体一直不太好。

上初中后，为了让李超把身体锻炼得结实一些，妈妈给他报了个暑假游泳训练班。每次游泳时，李超总是游在最后。

刚开始，妈妈考虑到他从小体质就弱，就不怎么说他。后来看到比他小的孩子都游在他的前面，妈妈心里不免有些着急，催促说："儿子，快点往前游呀。你怎么这么笨呀，每次都游到最后，把妈妈的脸都丢尽了。"

结果，李超不但没有快起来，反而在心里对游泳越来越排斥，最后任妈妈怎么劝，也不愿再去参加游泳训练了。

从那以后，李超无论是在学习上，还是在生活上，都表现得特别不自信。本来应该很轻松就做好的事情，他却做不好。

【案例解析】

"南风"效应也叫作"温暖"法则，它来源于法国作家让·德·拉封丹写的一则寓言，说明"温暖胜于严寒"的管理之道。

将之运用到家庭教育中，就要求妈妈尊重和关爱孩子，让孩子真正感受到爱和家庭的温暖，只有这样，孩子才会更加努力地追求上进。

如今很多家庭都是独生子女，妈妈都非常重视对孩子的教育，为了孩子健康成长，妈妈费尽了心思，倾注了无数心血。

有的孩子或是因为自身能力不足，或是身体素质等原因，取得的成绩或表现并不能达到妈妈的期望，妈妈在伤心失望的同时，难免对孩子大加指责。

殊不知，妈妈不分青红皂白地指责和训斥，最容易挫伤孩子的自尊心和自信心，从而使孩子产生严重的自卑心理。

自卑的孩子因为对自己缺乏认同感，没有自信心，认为自己没有能力做好任何事情，从而会轻易地放弃应有的努力。

现在的妈妈还有一个较为普遍的毛病，就是喜欢拿自己孩子的短处去比别人孩子的长处，让孩子不停地受到打击，导致孩子越来越不自信。

妈妈希望孩子比别人强、比别人优秀的愿望是好的，可是要知道，孩子们都喜欢被表扬和鼓励，过多的指责只会使孩子越来越不自信，最终导致孩子自暴自弃。

因此，妈妈在孩子做错事或表现不那么优秀时，一定要多给孩子一些肯定和鼓励。肯定和鼓励能产生激励作用，会促使孩子做得更好。

【给妈妈的教子妙方】

>> 建议一：妈妈不要有过高的期望

妈妈望子成龙心切，总是依照自己的设想，努力把孩子塑造成自己希望的样子，却很少考虑孩子的实际能力和综合素质。

当孩子达不到自己的期望值时，妈妈常常对孩子作出一些负面评价，这样会使孩子误以为自己没有能力而自暴自弃。

刘颖是一名初一学生，今年12岁。

暑假里，妈妈给她报了一个书法班。可能是因为之前没有这方面的基础，刘颖对学书法一直提不起兴趣，每次去上课也不太用心，因此学了一年，也没有多少提高。

对此，妈妈又气又急，免不了把她打骂一通。如此一来，刘颖对学书法就更没兴趣了，后来干脆就不去了。

这时，妈妈意识到打骂并不能让女儿爱上书法，就试着改变一下态度：当刘颖不想练书法时，妈妈允许她稍稍休息一会儿；稍有一点进步时，妈妈就给予肯定和赞扬。

渐渐的，刘颖学书法的兴趣浓厚起来了。每天放学回家，她写完作业后，不用妈妈催促，就会自觉练半个小时书法。

作为妈妈，应尽量全面了解孩子的个性特征，不要对孩子提出过高的期望和要求。如果孩子没有达到预期的目标，也不要一味责怪，要用善于发现的眼光，不断地鼓励孩子，只有这样，才能激发孩子的学习兴趣和热情。

>> 建议二：妈妈应让孩子感受到爱和关怀

让孩子接受教育的前提，是让孩子感受到爱。孩子身心还没有成熟，难免有表现不好的时候，如果妈妈总是严厉地批评或惩罚，不但收不到好的效果，反而会激起孩子的逆反心理。

李静是一名初二学生，今年13岁。她不但聪明懂事，而且学习成绩十分优异。

初二上学期时，李静生了一场病，在医院里住了半个多月。虽然在住院期间，老师一直抽时间给她补课，但她的学习成绩还是落下很多。

期末考试时，李静在班上的排名由前5名，落到32名。放学回家后，李静把成绩单朝妈妈手上一递，还没张口说话，眼泪就流了下来。

妈妈接过成绩单看了看，明白李静是因为考试没考好而伤心，就急忙鼓励说："不就是这次没考好吗？我还以为多大的事呢。只要你努力了就好，咱不是耽误了一段时间吗？妈妈相信你下次一定能考个好成绩。"

听妈妈这么一说，李静破涕而笑，含着泪说："谢谢妈妈，我下次一定考个好成绩。"

在孩子表现不好时，妈妈应先肯定孩子的优点，然后再像朋友一样和孩子谈心，应多站在孩子的角度考虑问题，让孩子感受到爱和关怀，从而建立起良好的亲子关系。

➤➤ 建议三：妈妈应多给孩子肯定和鼓励

在日常生活中，妈妈应善于发现孩子的长处和优点，多给孩子一些肯定和鼓励，尽量不拿孩子的短处去跟他人的长处比较，避免孩子因受到打击而产生自卑心理。

肯定和鼓励是促进孩子进步的动力，也是教育和培养孩子的重要方法。所以，妈妈要善于发现孩子的优点，多给孩子一些鼓励和肯定。

➤➤ 建议四：妈妈应学会倾听孩子的心声

当孩子表现不好时，妈妈应尝试着站在孩子的角度，尽量多揣摩孩子心里的想法，学会耐心地倾听孩子的心声，了解事情的缘由之后，再对孩子进行耐心的指导。

一般来说，孩子最厌恶直接说教。直接说教不仅起不到什么效果，反而会激起孩子的逆反心理。

相反，妈妈的宽容和善解人意，不仅能赢得孩子的信任和真心爱戴，同时还会潜移默化地影响孩子，让他也怀有一颗宽容的心。

归因偏差思想：多站在孩子的角度考虑问题

【教子现场】

肖华是一名初二学生，今年13岁。他父母在街上繁华地带开了一家餐馆，常年在餐馆里忙，很少有时间管教他。

肖华上小学时，学习成绩一直处于班上中上水平，上初中后，学习成绩开始下滑，到初二下学期时，肖华在班上的排名几乎是最后。

肖华上课几乎从不听讲，作业也不做，书包里的书本和学习用品总是放得凌乱不堪。有时老师让他找个作业本，他翻半天都找不出来。

在学校里，除了打架斗殴，他对什么都没兴趣。老师多次对他进行批评教育，也起不到什么作用。他还经常跟社会上的一些不良青年交往，行为习惯非常差。

他爸爸在得知他不但学习成绩不好，还有变坏的苗头后，就把他狠狠地揍了一顿。

虽然肖华从小就怕爸爸，但他对爸爸的这种做法极其反感。

在挨打后的第二天，他离家出走了。

【案例解析】

中学时期正是孩子心理发展的"危机期"。一方面，这个时期是孩子价值观、人生观从萌芽逐渐成形的时期；另一方面，这个时期也是孩子生理迅速成熟而心理发展滞后的青春期。

这个时期的孩子，由于自控能力差，特别容易出现逆反心理和对抗心理。

目前，我国的经济体制正处在历史转型时期，人们的价值观和道德观都经受着前所未有的检验和挑战。社会上的拜金主义、贪污腐败、分配不公等不良因素，都为涉世不深的孩子发生偏差行为提供了心理环境和社会土壤。

另外，随着现代媒介的发展及网络的普及，各种传媒中出现的不健康内容，如暴力、恐怖、色情等，都从不同角度、以不同的方式，影响着孩子的行为。

家庭是孩子的第一教育基地，父母的教育方式对孩子的成长至关重要。一旦父母采取的教育方法不妥当，极易导致孩子在感情上和父母疏远，有时甚至会导致完全对立。

所以，父母要想改变孩子的偏差行为，就要改变不当的教育方式，多站在孩子的角度考虑，多了解孩子的想法，营造出健康、温馨的家庭环境，及时制止孩子的不良苗头。

【给妈妈的教子妙方】

》》 建议一：妈妈要摆正和孩子的关系

在中国传统观念中，孩子是父母的私有财产，孩子要无条件地服从大人，父母让孩子往东，孩子不敢朝西。这种陈腐的观念，还影响着很多妈妈，使她们把权威看得比民主更重要。

还有很多妈妈认为，自己无论是在资格上、知识上还是人生阅历上，都绝对可以指导和命令孩子，自己想的绝对比孩子想得更周到、更深刻，所以孩子应该听自己的话。

这些不正确的观念和思想，会让妈妈犯下一些愚蠢的错误：不尊重孩子独立的人格，漠视孩子应有的权利，不倾听孩子的想法，用大人的标准来要求孩子等。

妈妈要想让孩子成长为一个真正健康、有用的人，就要在教育孩子的过程中，摆正心态、摆正和孩子的关系，爱与尊重并行，才能达到期望的教育效果。

》》 建议二：不要主观臆断孩子的行为

孩子很多问题的产生，都是由于个人心智发展不全面，不能正确认识自己造成的。

妈妈应通过对孩子言行的分析，来确定孩子偏差行为产生的原因，然后站在孩子的角度，帮助孩子明白他自己真正的需求是什么，从而协助孩子重新认识自己的行为。

4岁的诚诚是个机灵顽皮的小男孩，近来他的一些言行常让妈妈困惑不解。

例如，小姨送他一个滑轮，下雨天不让他滑，他偏要去滑；他把爸爸新买的玩具小汽车反复地看来看去，最后一个零件一个零件地拆开，说要看看它到底为什么会跑。

妈妈经常生气地责骂他，并暗自怀疑诚诚是不是患了"多动症"。

3～6岁的孩子，具有强烈的好奇心、求知欲和探索精神，对事物尤其是新事物特别好奇，喜欢寻根究底，常做出一些大人不理解的"破坏行为"。

当孩子提出"我自己来"时，妈妈要因势利导，帮助孩子实现那些安全、合理而又有可能达到的愿望。

对那些有危险、不合理的要求或一时难以实现的愿望，妈妈要向孩子解释清楚，不要强行限制或包办代替。

妈妈切记，不要随意给孩子下定义，否则很可能会误解了孩子。

》》建议三：真正了解孩子

对于正处于青春期的孩子，由于身体和心理都在从幼稚向成熟发展，都会面临心理障碍、生理困惑和学习压力等问题。

妈妈要设身处地为孩子着想，不要急躁、担忧，应该用更多的关怀和温暖来给孩子力量。

王浩是一名初三学生，今年15岁。由于爸爸妈妈工作忙，平时很少管他。

王浩小时候，比较懂事听话，上小学时学习成绩也比较好，在邻居眼里是个乖巧的好孩子。

上初中后，王浩的学习成绩开始往下滑，偶尔还有违反校纪校规的行为。有一次，王浩因一块橡皮，竟然打了同桌李丽一巴掌。老师将这件事情告诉了他的妈妈。

妈妈问他事情的原因。王浩红着脸低着头，沉默了半天后，说他喜欢李丽，又怕同学们说，所以不敢说出来，为了引起李丽对他的注意，才故意找机会接近她。

作为妈妈，应多读一些关于孩子青春期的资料，了解这方面的知识，以帮助、引导孩子调整好心态，逐步学会处理自己的问题，顺利度过这一人生的关键期。

》》建议四：给孩子想要的

妈妈对孩子的爱是毋庸置疑的，可是有时候爱的不对便是害了孩子。溺爱过多而不懂得孩子真正需要的妈妈，往往容易造成孩子心理扭曲，并进一步演变成对抗或者其他不良行为。

敏敏是小学一年级的学生，自从出生以来，妈妈为了照顾她便辞职在家做起了全职太太。

不可否认，敏敏得到的照顾是全面的，妈妈有足够的时间陪她、照顾她，可以说，妈妈对她倾注了全部的爱。

可是另一方面，"你不可以"、"你不准"也是妈妈的口头禅。

敏敏不明白，为什么其他的孩子都可以做很多自己喜欢的事情，而在妈妈眼里她却不可以呢？于是她总是和妈妈对着干，让妈妈苦恼不已。

有时候，适时放手或者和孩子平等协商，明白孩子真正需要什么，这才是父母明智的态度。

超限效应：批评孩子要有"度"

【教子现场】

张南是一名初二男生，今年14岁。

由于父母平时工作忙，很少有时间管他。上初中后，张南变得不爱学习了。每天放学后，他经常跟一大帮朋友泡在网吧，很晚才回家。

为此，妈妈没少苦口婆心地劝告他，让他把心思放在学习上。刚开始时，还起了一点作用，但时间一长，张南就听不进去了，照旧我行我素。

有一天，张南又和一帮同学在网吧疯玩到半夜十二点半才回家。回来后，张南见妈妈还一直坐在客厅沙发上等他，心想，这次肯定又少不了一顿臭骂。

谁知这次妈妈并没有责骂他，只黯然神伤地叹了一口气，然后起身走进厨房。

过了几分钟，妈妈从厨房里端出一碗热气腾腾的鸡汤，对张南说，"你还没吃饭吧，这是妈妈专门为你煲的鸡汤，赶快趁热喝了吧。"说完就走进了卧室。

看着妈妈的背影和面前热气腾腾的鸡汤，张南心里很愧疚。从那以后，他再也不去网吧了，每天放学就按时回家，学习成绩也提高了很多。

【案例解析】

"超限效应"是指刺激过多、过强或作用时间过久，而引起的心理极不耐烦或逆反的一种心理现象。

孩子把妈妈的批评、责骂当成耳边风，对自己的错误屡教不改，有时，你越批评他，他越要犯同样的错误。孩子的这种逆反情绪，在心理学上叫"超限效应。"

"超限效应"在家庭教育中经常发生。例如，当孩子偶尔去一次网吧，妈妈却一而再、再而三地对这件事进行批评，使孩子由内疚到不耐烦、到反感，最后被逼急了，出现"你越不让我这样，我偏要这样"的逆反心理。

不少妈妈在"望子成龙"的观念支配下，不厌其烦地对孩子劝告、说教和训斥，希望借此让孩子"刻骨铭心"，殊不知，这种教育方式只能换来孩子的无动于衷和反感。

妈妈在教育孩子时，如果一定要再次批评，应避免简单的重复，而要换种角度或说法，一定要把握好一个"度"，一旦过了这个"度"，就会产生"超限效应"。

【给妈妈的教子妙方】

▶▶ 建议一：妈妈不要"有错必究"

孩子由于身心发展还不成熟，认知能力、思维能力和自我控制能力等都比较差，犯错误是在所难免的。

因此，妈妈应对孩子的犯错行为表现出理解和宽容，根据错误的程度和性质采取不同的方法，而对一些成长性的错误，不必"有错必究"。

志涛是一名初二男生，今年13岁。由于以前爸爸妈妈工作太忙，没时间照顾他，在志涛3岁的时候，父母就把他送到爷爷奶奶家，直到上初中时才把他接回来。

在爷爷奶奶家，除了学习，志涛的所有事情都由爷爷奶奶包办代替，这就使志涛养成了做事没条理和乱放东西的坏习惯。

有一次，妈妈下班回来，看见房间里到处都是志涛的脏衣服、脏鞋子，就连书包和书包里的学习用品也放得满屋子都是。

妈妈不由得火冒三丈，冲志涛吼叫起来："跟你说过多少次了，让你把你个人的东西放好。你就是不长记性，连这点小事都做不好，你长大后能有什么出息？"

妈妈如果对孩子要求过于严格，孩子稍犯点错误，就上纲上线到品行、道德问题，动不动就对孩子责备打骂，势必会给孩子幼小的心灵造成创伤。

》》建议二：批评要讲究分寸

批评孩子的目的，是为了让孩子改正错误，避免孩子下次再犯同样的错误。

所以，当孩子做了一些不当的举动时，妈妈应该告诉孩子，他什么地方做错了，这样做有什么坏处，要让孩子明白，妈妈批评的是他的行为，而不是他的人。

这样孩子就会明白，只要他改进行为，就可能改变他在妈妈心目中的印象。

如果妈妈的批评是针对人格特质的话，孩子就会认为，妈妈对他这个人有成见，无论他怎么改变，妈妈都会看他不顺眼，从而打消了改变的念头，甚至还会"破罐子破摔"。

》》建议三：批评孩子要注意场合

当孩子犯错后，妈妈难免会感到生气和失望。有不少妈妈动不动就当着外人的面，斥责打骂孩子，一点儿也不顾及孩子的自尊。

宇航是一名初二男生，今年13岁。暑假的某一天，他乘爸爸妈妈都上班不在家，邀请同学们到家里聚会。当他们玩得正开心的时候，妈妈忽然回来了。

妈妈一见家里被弄得乱七八糟，顿时火冒三丈，不分青红皂白，当着同学们的面就把宇航臭骂一通。

宇航觉得自己的自尊心受到严重的伤害，同学们也都感觉下不了台。一气之下，宇航拿起书包就到奶奶家去住了。妈妈去接他好几次，他都不回来。

每个孩子都是有自尊心的，并且孩子越大，自尊心就越强。妈妈当众批评孩子，最容易伤害到孩子的自尊心，导致孩子对妈妈产生敌对心理。

所以，妈妈一定要顾及孩子的面子，尽量避免在外人面前批评责骂孩子。

当孩子做错事情时，妈妈应在没有外人的情况下，对孩子进行善意的批评，并指出改进的措施。这样的批评，最容易让孩子接受。

>> 建议四：用心理制裁更有效果

一般来说，孩子做错了事或是闯了祸，都会产生一种内疚或恐慌的心理。这两种心理纠结在一起，会让孩子产生强大的心理压力。

如果这个时候，妈妈不对孩子严厉指责或打骂，而是用心理制裁代替直接批评，让孩子自己反思，会比严厉批评的效果更好。

全面发展原则：重视孩子学习，更要重视其思想素质发展

【教子现场】

宁宁是一名初三男生，今年15岁。他家境不好，爸爸是一名快递员，妈妈

下岗多年。

妈妈对宁宁的学习寄予了很高的期望，希望他能考取重点高中。虽然家里的经济条件不富裕，但在宁宁上初三之后，妈妈仍然给他报了个学习辅导班。

为了让宁宁有充足的营养，妈妈每天到菜市场两次，换着花样给宁宁做好吃的，保证宁宁的一日三餐不重样。

宁宁每天晚上都要学习到很晚才睡，为了陪宁宁，妈妈总是找点活儿做，每天都要等宁宁睡了才去睡。

妈妈要求宁宁，"你只管好好学习，别的事什么都不要管"，"无论怎么样，都要考高分"。

甚至，宁宁参加中考前准备小抄，妈妈也没制止他。最终，宁宁因作弊被取消考试资格，重点高中自然泡汤了。

【案例解析】

现在的孩子大多是家里独生子女，很多妈妈在对待孩子的教育上，只重视孩子的学习成绩，而忽视了对孩子的素质教育。

妈妈都会想方设法满足孩子的物质要求，却忽略了给孩子提供良好的精神食粮和思想营养。

天下没有不疼爱自己孩子的妈妈，如果妈妈把爱孩子只看成是给孩子提供丰厚的物质条件，这样不仅会使孩子失去奋斗的意识，更严重的是会让孩子丧失独立的能力。

因为孩子的成长不仅仅需要物质条件，更需要妈妈引导和帮助他度过成长中遇到的困难。

孩子由于身心还不成熟，又缺乏生活经验，对是非限界往往分不清，对自己的情感和行为也不善于独立控制，容易受到社会上不良现象的影响。

所以，妈妈在教育孩子时，一定要把关爱和严格要求结合起来。

妈妈应对孩子思想和行为上有严格的要求，使孩子从小养成良好的思想和行为习惯，而在生活上，要给孩子无微不至的关怀，只有这样，才能把孩子培养成为一个懂事、品行良好的好孩子。

【给妈妈的教子妙方】

>> **建议一：对孩子教育要恩威并济**

为了使孩子健康成长，妈妈应对孩子的思想和行为有严格的要求，使他从小养成良好的习惯。

薛涛是一名初二男生，今年14岁。虽然薛涛只有14岁，但却长得高高大大。

在他上小学时，父母就离婚了，薛涛跟着妈妈生活。妈妈由于工作较忙，平时很少管他。

薛涛不爱学习，上初中后，就跟社会上的不良青年混在一起，学会了逃学、喝酒和打架等许多不良习气。妈妈发现后，就经常打骂他让他改正错误。

了解到这些情况后，老师找到薛涛的妈妈，希望她换一种方式教育孩子。

薛涛的妈妈听从了老师的建议，开始从生活上关心照顾薛涛。如每天早上起来给薛涛买早餐，下雨天到学校去接他。薛涛的校服挂破了，妈妈就认真地缝好等。

很快薛涛就像换了个人似的，不逃课了，上课也不睡觉了，作业也能按时完成。

严格管教孩子不是简单地打一顿或骂一通，而是要"严"中有"爱"，因为严格要求正是出于深切的爱。

在严格管教孩子的同时，让孩子体会到妈妈深切的爱，这是对孩子心理的最好滋养。

>> **建议二：重视孩子的素质发展**

现在的孩子大多是独生子女，很多妈妈在对待孩子的教育上，不能只重视孩子的学习成绩，还要重视孩子的素质教育。

腾腾是一名初三男生，今年15岁。他家庭条件比较好，从小到大，除了学习，在家妈妈什么事都不让他做。

有一次妈妈生病了，碰巧爸爸又在外地出差。早上腾腾看见妈妈躺在床上很难受的样子，没有问候妈妈一句就背着书包上学去了。

晚上腾腾放学回到家，见妈妈还躺在床上，没有给他做饭。腾腾不但不关心妈妈的身体，反而生气地指责妈妈说："您怎么这么懒呀，在床上睡觉也不起来做饭。"

妈妈听了腾腾的话，伤心极了。

很多妈妈想方设法满足孩子的物质要求，却忽略了给孩子良好的精神食粮和思想营养，这是妈妈的失职。

作为妈妈，在教育孩子成才的同时，更要教育孩子成人，因为成人比成才更重要。

>> 建议三：让孩子经历一些磨难和挫折

现在的妈妈，总是千方百计地为孩子遮风挡雨，对孩子过度保护，这将会造成孩子心理承受能力欠缺和人格不健全。

作为妈妈，若想让孩子具备各种优秀的才能，长大后能够成为一个真正的人才，就应该在孩子的成长过程中，让孩子经历一些磨难和挫折，让孩子的精神更自立、人格更完美。

低声效应：低声讲述比高声斥责更有效

【教子现场】

晶晶跟着妈妈去逛超市，超市门口新开了一家儿童服装店，橱窗里摆放着一条公主裙，晶晶一下子就被吸引住了。她在那里呆呆地看着那条裙子，恨不得立刻穿上它。

可妈妈并没有给晶晶买的意思，拉着晶晶就走，并不耐烦地对晶晶说："别看了，我还要赶着去超市买这几天的菜呢。咱们出来是买菜的，不是给你买裙子的。"

晶晶不肯走，她用期望的眼神望着妈妈。

"别看我，看我也不会给你买的。"妈妈厉声对晶晶说。晶晶低下了头，可还是不肯走。

见晶晶还是不肯走，妈妈急了，嗓门也立刻大了许多："你这孩子怎么这么不懂事，你都有多少条裙子了，还要买裙子？"

"可我的裙子都没有这一条漂亮啊。"见妈妈这么说，晶晶也大声地回应了一句。

"你哪条裙子不漂亮啊？就知道浪费，告诉你，说不买就不买。"妈妈高声地斥责着晶晶，大街上的人都看着晶晶。

"我就是要。"晶晶站在那儿不肯走……

【案例解析】

所谓"低声效应"是指跟人说话时，如果你放低声音，那么会使得对方也放低声音，相反，如果你抬高声音，那么很容易使得对方也抬高声音。

这一效应应用在家庭中，同样会取得良好的效果。尤其是在批评孩子的时候，妈妈如果能放低声音，跟孩子讲道理，而不是高声斥责，效果会好很多。

低声批评的方式，会避免孩子在人前难堪。当孩子行为不当或提出无理要求时，妈妈如果高声斥责，会让孩子感到难堪。

有的时候，即使孩子想放弃不当行为或无理要求，也没有台阶可下，以至为了保住自己的面子，妈妈越高声斥责，孩子越会坚持自己的行为或要求。

相反，如果妈妈低声跟孩子说话，孩子会感觉受到尊重，从而听从妈妈的建议。

晶晶之所以固执地坚持自己的不合理要求，就是因为妈妈对她的大声斥责，使她感到难堪。妈妈当时如果能够低声细语地跟晶晶讲道理，结果很可能就不一样了。

低声批评的方式，会让妈妈和孩子双方都保持心平气和。妈妈若对孩子高声斥责，孩子也会不甘示弱地抬高声音，双方的情绪就会越来越激动，以至争吵起来。

如果妈妈能够放低声音，孩子也不会使用高声调，双方就能心平气和地讨论问题。

低声批评还会让孩子具有自主权，让他们觉得最终的决定是自己思考后作出的，而不是妈妈强迫作出的。并且当妈妈轻声跟孩子说话时，会诱导孩子静下心来聚精会神地听。

所以，妈妈对孩子应该少一些高声斥责，多一些轻声细语的讲道理。

【给妈妈的教子妙方】

➤➤ 建议一：少用命令的语气跟孩子说话

有的妈妈喜欢命令孩子做这做那，觉得这是天经地义的事情。

可是当孩子慢慢长大，独立自主意识越来越强时，妈妈这种命令的语调，会让孩子感觉到妈妈不尊重自己，产生逆反心理，从而不愿意听从妈妈的命令。

妈妈采用命令的语调跟孩子说话时，嗓门一般都不会低，这更会引起孩子的反感和反抗。

有的妈妈觉得孩子的反抗让自己威严扫地，为了维护自己的面子，会进一步提高语调，强迫孩子按自己的话去做，这样孩子也会提高声调来对抗妈妈，使得双方的关系紧张。

有一天，娜娜正在画画，妈妈命令她说："娜娜，过来帮妈妈摘一下菜。"

"我正在画画呢。"娜娜很不情愿地回答道。

妈妈见娜娜没有行动，严厉地对她说："我叫你过来帮我摘一下菜，你听到没有？"娜娜依然没有过去。

妈妈突然冲到她身边，拿起她的画，撕个粉碎，并再次命令她说："赶紧去摘菜！"

妈妈高声的命令、野蛮的行为，让娜娜反感不已，她也大声回答道："我不去，就是不去。"说完跑进自己的房间，把门关上了。

娜娜的妈妈大声的命令，让娜娜产生对立情绪，最后妈妈的命令没有奏效，双方的情绪都受到了影响。如果妈妈能够轻声地跟娜娜说话，也许娜娜会欣然过来帮忙的。

妈妈若总是用大声命令的方式跟孩子说话，孩子的自主意识会被压抑，遇事不会自己做主，容易形成怯懦自卑的性格。

➤➤ 建议二：批评孩子时注意语调和措辞

当孩子做错事情时，妈妈应用低于平时说话的语调对孩子进行批评，这样孩子比较容易接受。另外，妈妈还要注意自己的措辞。

有的妈妈在批评孩子时，毫不顾忌孩子的自尊，往往会说一些诸如"你怎么这么笨"、"这都不会"一类的话，会伤害到孩子的自尊和心灵，批评也达不到预期效果。

柳杨要默写生字，她让妈妈给自己念，自己来默写。

刚默写了几个生字，妈妈就在一旁大声地批评她说："你的坐姿不端正，字写得太难看了，重写，重写。"

柳杨觉得很委屈，但还是擦掉重写了。

"哎呀，你怎么那么笨啊，写的还是那么难看，重写。"妈妈再次大声批评。

妈妈的批评让柳杨很难过，她故意把字写得歪歪扭扭的。

如果妈妈能够采用委婉温和的方式提醒柳杨，对柳杨说："孩子，你的坐姿不端正，这会影响到你的字的美观，你要是坐正了写，字会写得好看很多。你的字写得好看，默写得又正确，老师看着也会舒服，才会给你打高分啊。"这样孩子就会自然地接受妈妈的批评，并改正自己的行为。

>> 建议三：把自己的要求或理由耐心地解释给孩子听

当妈妈要求孩子做什么或者拒绝孩子的请求时，如果能把自己的要求或拒绝的理由耐心地解释给孩子听，孩子大都会欣然接受，而不会继续自己无理的要求。

如孩子去别人家，乱动别人家的东西，妈妈应该对孩子提出温柔的警告，告诉孩子在别人家乱动东西是不对的。

又如带孩子逛商场时，孩子看中了一件玩具，非要买不可。妈妈若是不给孩子买，应该将自己拒绝的理由耐心地告诉孩子，这样孩子通常不会跟妈妈对着干。

投射心理：别把自己的想法强加给孩子

【教子现场】

肖佳的爸爸是市文工团的小提琴家，妈妈是市文工团的舞蹈家。爸爸妈妈希望她以后像他们一样，从事文艺方面的工作，于是给她报了小提琴班和舞蹈班。

可肖佳对这些并不感兴趣，她喜欢画画。每次上小提琴课和舞蹈课，她都无精打采，老师说什么她也没兴趣听，还经常搞小动作。

有一次，肖佳上课时觉得很无聊，就拿起笔偷偷画起画来。谁知这一幕正好被来接她的妈妈从窗户外看到了。

回家后，妈妈生气地质问肖佳说："今天上小提琴课时，你为什么不认真听讲，而做别的事？"

"因为我对小提琴不感兴趣。"肖佳回答道。

妈妈疑惑地问道："怎么可能不感兴趣呢？我和你爸爸都是从事文艺工作的，你应该有这方面的天赋和兴趣啊。"

"那是你们一相情愿的想法，我对小提琴和舞蹈真的不感兴趣，我喜欢画画。"肖佳坚定地说。

爸爸和妈妈你看看我，我看看你，心里很失落。

【案例解析】

"投射心理"是指在日常生活中，人们常常不自觉地以己度人，将自己的心理特征，如个性、想法和好恶等，强加到他人身上，认为别人也具有跟自己相同的心理特征。

如自己觉得好，就认为别人也觉得好；自己不喜欢某个事物，就认为别人也不喜欢这个事物。

在家庭教育中，很多妈妈都具有这种心理。如自己是学医的，就希望孩子将来也能当医生；自己博览群书，就希望孩子也能多读书。

于是，很多妈妈会按照自己的主观判断，来给孩子安排人生。

妈妈以为这样是为孩子好，却不知道如果孩子没有兴趣，妈妈却一味地坚持己见，只会给孩子带来痛苦的体验或者激起孩子的反抗心理，孩子也不可能因此而学好。

有的孩子或许恰好对妈妈的安排感兴趣，愿意按照妈妈的意愿走下去，可更多的情况下会是孩子根本不愿意按照妈妈的规划走下去。

因为孩子毕竟不是妈妈的翻版，如果妈妈强迫孩子去服从，只会起反作用。

肖佳的父母将自己的喜好强加在孩子身上，逼迫她去学习自己不感兴趣的东西，当然不可能学好。

妈妈若总是将自己的想法强加给孩子，会让孩子觉得自己很没用，从而失去自信。

妈妈的美好期望，只能给孩子作参考，路要靠孩子自己去走，妈妈是无法代替的。所以，妈妈不要将自己的想法强加给孩子。

【给妈妈的教子妙方】

➤➤ 建议一：鼓励孩子说出自己的想法

只有了解了孩子的想法，妈妈才能做到不将自己的想法强加给孩子。

当孩子逐渐长大，他们开始拥有自己独立的想法。尽管这些想法有的还很幼稚、可笑，妈妈也要鼓励孩子勇敢地说出来，因为这是帮助孩子走向独立的第一步。

当孩子主动跟妈妈说起他的想法时，妈妈要耐心倾听，不要敷衍了事，更不要找借口推脱。推脱次数多了，当孩子有了想法时，他就不会再把妈妈作为第一倾诉人了。

鼓励孩子说出自己的想法，是亲子进行良好沟通的关键。

➤➤ 建议二：尊重和支持孩子的选择

有的妈妈对于孩子的选择总是横加干涉，认为只有自己给孩子选择的才是对的，孩子选择的都是幼稚、错误的。

妈妈的做法，会让孩子的个性朝两个极端发展：或者变得没有主见，随波逐流，凡事都听从他人安排；或者变得特别倔强和叛逆，不服从管教。

"妈妈，我还是报普通高中吧，重点高中竞争太激烈了。"吴梅哀求妈妈道。

"不行，必须报重点高中！上了重点高中，以后考大学就不用愁了。"妈妈态度坚决地说。

"可重点高中也不是每个人都能考上大学啊，普通高中也有不少考上好大学的。"吴梅辩解道。

可妈妈一定要吴梅报考重点高中，吴梅的压力非常大，最终没有考上。

孩子的阅历尚浅，他的选择会有不对的地方，妈妈对于孩子错误的选择应该耐心劝解，告诉他这样选择的坏处，而不是粗暴干涉。粗暴干涉通常也不会收到预期的效果。

➤➤ 建议三：选择适合孩子个性和兴趣的才艺

现在很多妈妈都希望孩子多一点才艺，于是就自作主张给孩子报各种兴趣班，强迫孩子去学才艺。可很多时候，妈妈报的班并不是孩子感兴趣的，孩子勉强去学习，往往收效甚微。

妈妈若是真的想让孩子多学一些才艺，可以细心观察孩子，看他的兴趣和爱好是什么，然后选择一种适合孩子个性和兴趣的才艺，让孩子去学习。

妈妈在作出选择之前，还应该征询孩子的意见，而不要将自己的想法强加给孩子。

崔继刚的妈妈要给他报特长班，好多同事都给自己的孩子报了绘画班，于是崔继刚的妈妈也给他报了这个班。

可她后来发现，每次孩子去上课时，都没精打采的。于是，她主动问崔继刚："是不是给你报的班你不喜欢，看你每次去都是一副很不情愿的样子。"

崔继刚告诉妈妈："我不喜欢画画，我喜欢打篮球。"

于是，妈妈给崔继刚停报了绘画班，而让崔继刚的爸爸业余时间陪崔继刚去打篮球。不久崔继刚就成为校篮球队成员了，身体素质也好了很多。

需要注意的是，妈妈不要一下子给孩子报很多班，这样会破坏孩子对于学习的信心和欲望，导致孩子一项也学不好，还有可能产生厌学情绪。

暗示效应：善用暗示激励孩子更加进取

【教子现场】

张立是个听话的孩子，他的成绩在班上属于中等。

一次，他遇到不会做的题目，恰巧妈妈在家，就拿着题目去问妈妈。妈妈想了一会儿，找出了正确的解题方法，就给张立讲解起来。

说了一遍之后，张立还不太懂。妈妈又耐心地讲解了一遍，可张立还是没有完全明白，他要求妈妈再给他讲一遍。

妈妈当时正忙着赶计划书，见说了两遍了张立还没弄懂，她就焦急地数落张立："你怎么这么笨啊，这么简单的题我同事的儿子自己就会做。走走走，别妨碍我了，笨蛋。"

张立悻悻地走了，他满脑子里全是妈妈说的"你怎么这么笨"、"笨蛋"的字眼。

从那以后，妈妈经常把"笨蛋"两字挂在嘴边。似乎为了证明妈妈的话是正确的，张立的成绩一落千丈，成了班上最后一名。

【案例解析】

"暗示效应"是指人或者环境用非常自然的方式，向一个人发出信息，某个人无意中接受了这些信息，并使得自己的思想与行为符合暗示者的期望的现象。"暗示效应"也叫"贴标签效应"。

暗示分为积极暗示和消极暗示两种。

积极的暗示能引导孩子用积极的心态去面对一切。如当孩子不小心摔了一跤，妈妈笑着安慰他："宝宝好勇敢，我知道没有什么大碍，是吧？"孩子多半会说："是的，没什么事。"

积极的暗示还能保护孩子的自尊。如当孩子考试没考好时，妈妈对孩子说："妈妈相信你下次一定可以考好的。"这样不仅保护了孩子的自尊，还给了孩子动力。

积极的暗示还能带给孩子无穷的力量。有一位妈妈，她的孩子并不十分出色，可她总是不断地发现孩子身上特别的东西，然后告诉孩子"你很棒"。

当孩子做好一件事情时，她总会给予孩子一个微笑。她的这种暗示让孩子在潜意识里认为自己很出色，结果真的变得很出色了。

消极的暗示则会影响孩子自信心的培养，让孩子不思进取，变得越来越差。如妈妈经常说孩子胆子小，就会让孩子在潜意识里以为自己真的很胆小，从而产生自卑感，说话不敢大声说，即便自己是对的，也不敢大胆地发表自己的见解。

对于正处于成长期的孩子来说，特别容易接受暗示。因此，在家庭教育中，妈妈应该多利用暗示的积极方面，避免消极的暗示，这样孩子会越来越优秀。

【给妈妈的教子妙方】

▶▶ 建议一：不乱给孩子贴负面标签

我国著名的童话大王郑渊洁先生曾说："差生是差老师和差妈妈联手缔造的。"

如果妈妈总是骂孩子"笨蛋"、"胆小鬼"等，孩子有可能真的变得笨拙、胆小。相反，如果一个孩子总是获得"你一定行"的肯定，结果他就会真的很棒。

所以，妈妈应多给孩子积极正面的暗示，尤其是对于不自信的孩子，要不断地给他积极的暗示。这样积极的暗示在他心里得到强化，他就会确信自己真的不错。

当妈妈想给孩子贴负面标签时，应该有意识地提醒一下自己，控制住自己的情绪，用鼓励的语言代替贬低的语言，给孩子积极的影响，那么孩子一定会

成为优秀的孩子。

建议二：巧用情景暗示激励孩子

心理学研究发现，人的情感的引发与兴趣的产生跟环境有很大的关系。积极向上的环境能催人奋进，消极的环境则会使孩子意志消沉。

"小波，先别玩了，快写作业吧，不然又完不成了。"妈妈不知道这是第几次提醒小波了，可小波还是不时地开小差。

每次小波写作业，妈妈都要在一旁监督，不然他就会玩这玩那，不专心写作业。妈妈为此很伤脑筋。

后来妈妈了解到小波很喜欢足球明星梅西，于是就买来梅西的画像挂在小波的房间，并告诉小波，梅西在足球训练时是非常专注的，思想绝不会开小差。

从那以后，小波思想开小差时，看看梅西的画像，他便会克制住自己了。

妈妈要为孩子创建一个积极向上、具有挑战性的奋进的暗示环境。如在孩子的房间里张贴名言警句、名人画像等，都可以对孩子起到良好的激励作用。

建议三：身教重于言教

子曰："其身正，不令而行；其身不正，虽令不从。"因此，给孩子以行为上的暗示，会起到语言所不能达到的效果，正所谓言教不如身教。

这种教育力量是一般的说教所不能比拟的，并且会潜移默化地影响孩子的一生。

小霏和妈妈正坐在沙发上看电视，妈妈对她说："小霏，别看了，快去看书吧。"

小霏"嗯"了一声，但并没有起身。

又过了一会儿，妈妈又开始催她了："快去看书吧学习吧，你看都几点了。"

见她还没有要去看书的意思，妈妈有点火了，语气也明显不好了："你这孩子就知道看电视，怎么就不爱学习呢？"

谁知小霏竟然说："您怎么不去学习呢？老叫我学习，却从没看您自己学习过。"

如果小霏的妈妈主动离开电视机，去看书学习，会起到很好的模范带头作用，可能不用她多费口舌，小霏就会自己主动去看书。

当孩子犯了错误时，妈妈不要立即严厉批评，更不要破口大骂。妈妈一个温柔的眼神、一个包容的微笑等，都会让孩子感到惭愧不已，从而自我反思、改正错误。

皮格马利翁效应：信任和赞美让孩子更优秀

【教子现场】

张博在这次的数学考试中得了优，他兴奋地拿着试卷飞奔回家，冲到妈妈面前，拿出试卷大声说："妈妈，我的数学得了优。"

张博想妈妈一定也特别开心，他期待着听到妈妈的赞赏。

可妈妈并没有想象中的那么开心，也没有夸奖他，而是用充满怀疑的语气对他说："优？怎么可能，是不是老师把分数统计错了？"

"没有。"张博赶紧把试卷递给妈妈。妈妈接过试卷仔细看了看，发现老师的统计没有出现错误，于是她又严肃地对张博说："考试时你作弊了吗？"

"没有啊，我都是自己做的。"张博的心里很不舒服。

"真的没有？有的话就说出来，妈妈不会怪你的，诚实总比拿着虚假的成绩强啊。"妈妈依然充满了怀疑。

张博的心从兴奋降到冰点，还感到受了很大的伤害。他从妈妈手里抢过试卷，跑进房间关上门，任妈妈怎么敲门都不理会。

【案例解析】

"皮格马利翁效应"，是指如果对一个人表达赞美、信任，那么这个人就会变得自尊自信、积极向上，并努力达到对方的期望。反之，如果对一个人给予打击和消极的期望，则会使这个人自暴自弃、放弃努力。

在家庭教育中，"皮格马利翁效应"表现得十分明显。如果妈妈经常赞美孩子，就能促进孩子对妈妈的理解与认可，消除彼此间的代沟。

赞美是家庭教育中最切实可行的教育方式之一。妈妈对孩子的赞美，会让孩子更加自信，还会使得孩子朝着妈妈的期望不断努力，变得更加优秀。

相反，如果孩子稍有差错，妈妈就对孩子恶语相加或冷面相对，孩子的自

尊心就会受挫，产生孤独感和叛逆情绪，还有可能因此而一蹶不振。

妈妈应该信任孩子。如果妈妈对孩子连最基本的信任都缺乏，孩子怎么能变得优秀呢？

妈妈对孩子的信任，会使孩子产生强烈的自信心，使孩子能够充分发挥自己的潜能，克服重重困难，走向成功。

信任还是对孩子的一种尊重。如果妈妈经常对孩子"妈妈相信你行"，孩子的能力和价值就能获得肯定，其积极性会得到很大的提高，从而朝着目标不断努力。

在信任和赞美中长大的孩子是自信的。妈妈应该多给予孩子赞美和信任。

【给妈妈的教子妙方】

➤➤ 建议一：不要总看到孩子的缺点和错误

孩子是会发展变化的，以前的缺点或许现在已经改正了，以前犯过一个错误，并不意味着他以后也会犯同样的错误。

如果妈妈总是盯着孩子的缺点和错误没完没了的批评，就会打击孩子的自信心，最后孩子可能索性破罐子破摔了。

老盯着孩子的缺点和错误，是对孩子的一种极大的不信任。有的孩子以前爱撒谎，妈妈就总觉得他说话是在撒谎，即使他说的是实话。长此以往，孩子就真的不再说实话了。

妈妈应该用发展变化的眼光来看待孩子，如孩子以前学习成绩差，他可以通过自己的努力取得好成绩。当孩子取得好成绩时，妈妈应该表示相信，而不是怀疑。

只有这样做，孩子才能不断改正自己的缺点和错误，不断地成长。

➤➤ 建议二：对孩子的进步及时给予赞美

当孩子取得进步，哪怕是很微小的进步时，妈妈都要给予赞美。

比如孩子按时完成了作业，主动打扫了房间等，妈妈都要立刻表扬，肯定其进步，这样会让孩子觉得妈妈时刻都在关注着他。

如果孩子认识到自己的进步会获得妈妈的赞赏和关注，他就会尽量表现得更好，不断进步，以获得妈妈的赞美。久而久之，孩子的良好行为就会得到固化，变得越来越优秀。

"妈妈，您看我擦的桌子干净吗？"吴娇问妈妈。

妈妈一脸不耐烦地说："行了，行了，赶紧出发吧，晚了就来不及了。"吴娇只好放下手中的抹布，跟着妈妈出去了。

在路上，吴娇看到地上扔了一块香蕉皮，于是捡起来扔到了垃圾箱里。可妈妈又在催她："吴娇，快点，一会儿就开演了。"

吴娇闷闷不乐地跟在妈妈后面，一路上一言不发。

对孩子的良好行为视而不见，就会让孩子觉得反正自己表现得好、取得了进步，妈妈也不会关心，那么就会挫伤孩子的积极性，甚至有的孩子索性就不再去表现，不再追求进步了。这样孩子就会在原地踏步不前，甚至会退步。

>> 建议三：善于发掘孩子的闪光点

妈妈用心发掘孩子的闪光点，给予赞美，会让孩子感到一种满足，从而全面地审视自己，意识到自己的不足，同时还能虚心地接受别人的意见，产生逐渐完善自己的愿望。

小杰体型较胖，学习成绩也一般，他觉得很自卑，可他心地很善良，经常助人为乐。

有一次，他搀扶一位老奶奶过马路，还把这件事告诉了妈妈。

妈妈听了，称赞他道："真是个好孩子，虽然你没有好看的外表、优秀的成绩，可你经常帮助别人，妈妈依然为你感到骄傲。"

小杰听了，别提多高兴了。妈妈发现，小杰自信了很多，跟同学们也能打成一片了，成绩也逐渐提高了。

聪明的妈妈总会看到孩子的长处，然后对其赞美，使孩子各方面的能力都得到提升。

不过，对于那些虚荣心较强的孩子，一定要采取赞美与批评相结合的方式，让孩子意识到自己的不足。除了特别自卑的孩子外，妈妈最好不要当众赞美孩子。

第三章

变成孩子的同龄人，走进孩子的内心世界

孩子是一个独立的生命个体，他渴望与尊重、理解自己的人做朋友。父母是孩子最先交往的人，他们只有放下架子，变成孩子的"同龄人"，才能走进孩子的内心，建立良好的亲子关系。

父母要走进孩子的内心世界，一定要认真倾听孩子的苦恼与忧愁，而不应该主观地认为孩子心里在想什么，从而作出错误的指导和批评，这样不利于走进孩子的心灵。

了解孩子心理成长的过程

【教子现场】

　　10 岁的杜欣上小学四年级，她是个漂亮活泼的孩子。

　　7 岁时，妈妈给她买了一条漂亮的花裙子，她自己觉得非常漂亮。可是到了学校之后，杜欣的好朋友说这条裙子样式太简单，一点儿也不时尚。

　　杜欣听后，一直闷闷不乐。当妈妈看到她的神情，询问她时，她便把朋友的话告诉了妈妈。

　　妈妈让杜欣仔细观察裙子的质地、花纹和颜色等，然后问杜欣："裙子穿在身上合适不合适？"

　　杜欣认真地说："裙子质地很好，花纹也很漂亮，穿在身上也非常舒服。"然后，她冲着妈妈笑了笑，愉快地和小伙伴们去玩了。

　　最近，由于杜欣不愿意教一位同学做数学题，被朋友批评了一顿。回到家后，她跟妈妈说起这件事情，义正词严地说："我没有做错，每个人都应该有拒绝的权利。"

　　妈妈便告诉她："你将心比心啊，如果今天被拒绝的人是你自己，你会怎么想呢？"

　　杜欣听完后，立即向那位同学道歉了。

【案例解析】

　　孩子的心理发展具有阶段性的特征，只能循序渐进地慢慢发展，不能一蹴而就。妈妈要了解孩子每个阶段心理发展的特点，根据实际情况因材施教，科学地教育和引导孩子。

　　案例中的杜欣，刚开始不懂得客观地对待别人的评价，总是受到他人言语的影响，妈妈就指导她从其他方面来考虑问题，不要盲目相信他人的话。

　　但是后来杜欣的自我意识发展起来，只考虑到自己的感受，不理会他人的评价，这时候妈妈就引导她学会换位思考，帮助杜欣慢慢走出自我感觉膨胀的误区。

孩子的心理成长是一个循序渐进的过程，妈妈不要为孩子一时的表现不好而过于着急。

俗话说"十年树木，百年树人"。只要了解了孩子的心理特点，根据他们心理成长的规律正确地进行引导，便能让孩子健康地成长起来。

妈妈们望子成龙的想法可以理解，但是切不可揠苗助长。因为孩子们的心理成长需要一个过程，不可能一开始就很完美。

妈妈不了解孩子心理成长的历程，不尊重孩子心理成长的规律，急于把孩子培养成天才或者神童的想法是不可取的。

孩子的心理成长，是随其知识水平的提高和生活阅历的不断丰富而逐渐成长起来的。作为妈妈，最需要做的是先了解孩子心理成长的特点，帮助孩子顺利地走向成熟。

【给妈妈的教子妙方】

≫ 建议一：了解孩子的心理特点

妈妈作为孩子的第一任老师，应该充分了解孩子心理成长的规律，尊重孩子，并加以正确的引导，帮助孩子的心理慢慢走向成熟。

孩子的心理成长是一个循序渐进的过程。婴儿时期孩子特别好养，吃饱了就睡，睡醒了就吃。同时又到了上小学的时候，他们就开始有了自己的想法，同时又容易受到他人观点的影响。

等到了小学三年级的时候，他们的独立性增强，开始相信自己行为和想法的正确性，于是常常固执己见，凡是别人说的坚决不照做。

很多妈妈抱怨："我家孩子怎么突然这么不听话了。"当妈妈了解了孩子的心理特点后，这一切疑问都迎刃而解了。

≫ 建议二：尊重孩子心理发展的规律

了解孩子的心理特点后，妈妈应该尊重孩子心理发展的规律。

一般来说，小学阶段的孩子，注意力和意志力的发展都不健全，他们注意力不太集中，做事也缺乏毅力。妈妈应该尊重他们的心理发展规律，不强迫他

们长时间学习。

谭娇是个小学三年级的女孩，今年9岁。她很聪明，但是上课特别不专心，这让妈妈很头疼。

妈妈也教育过她几次，但是谭娇每次都是左耳进右耳出，上课依旧东张西望，没有什么改进。

后来，妈妈决定采取强制措施，亲自监督，让孩子连续两个小时做练习和写作业。结果不言而喻，妈妈的措施不到一个星期就宣告失败了。

谭娇的妈妈不尊重孩子心理发展的规律，主观地对孩子进行改造。其实谭娇的表现是正常现象。

研究表明，小学低年级的孩子，注意力只能集中20分钟左右，而谭娇的妈妈却要求孩子坚持两个小时，这肯定是行不通的。

》》建议三：理解孩子的不成熟行为

孩子的情绪不稳定，喜怒哀乐充分显示在脸上，这为妈妈了解孩子提供了一个良好的渠道。同时，孩子不分环境、场合地乱发脾气，也常常令妈妈苦恼。

一天，8岁的菲菲放学刚回到家，"砰"地把门一摔，也不跟客厅里坐着的客人打招呼，就气冲冲地回到自己的房间。

妈妈看到女儿的表现，当即火冒三丈。她走进女儿房间，把她狠狠地训了一顿，女儿在房间里放声大哭起来。

这一出家庭闹剧，让客人更加坐立难安，于是，找个借口赶紧告辞了。

孩子发脾气是很正常的，因为哪个孩子都可能有这种表现。但是妈妈觉得孩子乱发脾气有损颜面，而去训斥孩子，引发更大的家庭冲突，就让客人难以忍受了。

因为孩子的心理还不成熟，可是大人却不理解孩子的这种表现，并且受孩子的影响而情绪失控，是非常不理智的。

》》建议四：引导孩子的心理走向成熟

孩子的身心都处于发展时期，难免会表现出各种不成熟的行为。对于孩子的这种行为，妈妈严加呵斥是不可取的，但是也不能放任自流，应该正确地引导。

小霞是个小学四年级的孩子，今年10岁。她很聪明，但非常任性。

有一次，妈妈听广播说有雨，便让小霞上学时带伞。小霞嫌麻烦，坚决不带。妈妈把伞拿出来给她，她居然把伞扔到沙发上。妈妈知道这个年龄段的孩子很固执，便不再强求了。

下午放学果然下雨了，小霞打电话要妈妈送伞。妈妈沉默了，小霞也知道自己错了，便向妈妈道歉。妈妈这才答应给她送伞。

对于孩子不成熟的表现，妈妈不应该一味地放任，应该有意识地引导，让他们认识到自己的错误，这样会使孩子的心理顺利地成熟起来。

把握孩子心理健康的内涵及标准

【教子现场】

李琳是家里唯一的孩子，深受父母疼爱，因而变得非常霸道、任性。

一天，李琳的姑姑和表妹来家里做客。李琳和表妹在地上玩起了堆积木的游戏，刚 9 岁的小表妹非常懂礼貌，对霸道自私的表姐表现出了极大的谦让。

李琳的妈妈看在眼里，便对李琳说："你看表妹多懂得谦让啊，你怎么一点儿也不懂事呢？"李琳听了妈妈的话，竟然有些不屑地说："我这样以后就不受欺负。"

妈妈哭笑不得，她对李琳的姑姑说："这孩子就这性子，天生就特别争强好胜，受不了一点点委屈。且不说平时和小伙伴们玩，就是考试哪次没考到 100 分，都要自己折腾半天。"

姑姑听了之后，说："你们应该注意培养她健康的心理，要不然以后她真的难以与人相处，自己也痛苦。"

【案例解析】

李琳的妈妈并没有意识到女儿的做法是心理不健康的表现，所以对此并没有重视起来，这样的"无知"会影响到女儿的心理健康成长。

孩子的心理是否健康，直接影响他们的学习和生活，甚至会影响他们的身体发育。

因此，父母要没法了解孩子心理健康的内涵及标准，以便及时对孩子进行正确的引导。

心理学研究表明，健康的心理，不仅能带来愉快的精神享受，更能带来好的人际关系、强烈的学习兴趣等。

心理健康，不仅仅指乐观、开朗，它还包括以下几个方面。

一是孩子乐于学习。孩子处于积累知识的重要时期，知识经验的积累，是孩子心理顺利发展的前提。一个心理健康的孩子，必然能将自己的聪明才智运用到学习中去。

二是孩子乐于与人相处。孩子能够和周围的同学、朋友相处融洽，并且非常享受与他人愉快的交往，是其心理健康的重要表现。

三是孩子适应环境的能力非常强。人都是生活在环境之中，而环境又时刻发生着变化，因此，孩子必须具备良好的环境适应能力，这样才能保证健康的心理。

四是孩子能够保持情绪的稳定和愉悦。在生活中，每个人都有喜怒哀乐，但是这些情绪应该处于良好的控制之下。妈妈应该指导孩子学会调节和控制自己的情绪。

五是孩子能够愉快地接受自己。每个人都有优点和缺点，孩子能接受自己的优点，更要正确地对待自己的不足。一个不能全面接受自己的孩子，往往容易产生自卑心理，影响身心健康发展。

六是孩子拥有良好的行为习惯。健康的心理并不是隐而不现的，习惯就是它重要的表现形式。良好的行为习惯，说明孩子的心理是健康的，而不良的行为习惯，说明孩子的心理存在阴影。

心理健康是一个复杂的课题，它与孩子的行为习惯、品德都密切相关。

一般来说，一个心理健康的孩子，能客观评价自己、尊重他人、易于与人相处，能够很快地适应环境，拥有良好的行为习惯等。

作为妈妈，应该了解孩子心理健康的标准和内涵，努力培养孩子健康的心理。

【给妈妈的教子妙方】

》》建议一：指导孩子养成良好心态

良好的心态往往能使孩子形成健康、积极的心理。

　　遇到同一件事情，拥有良好心态的孩子，会从乐观的方面考虑，而拥有不良心态的孩子却会从悲观的方面考虑。

　　例如两个孩子在上学路上遇到大雨，但是都没带伞。此时，拥有良好心态的孩子会一笑置之，而心态不良的孩子可能就会认为自己倒霉，一天的心情都会受到影响。

　　在平时的生活中，妈妈应该引导孩子用积极、乐观的心态去看待问题，平时多微笑，让自己保持愉快的心情。

▶▶ 建议二：提升孩子的情商

　　情商主要是指孩子控制自己情绪和处理人际关系的能力。一个能够控制好自己情绪的孩子，不会让消极情绪长期影响自己，因而能够形成健康的心理。

　　良好的人际关系，可以使孩子获得社会归属的需要，心理也能更健康一些。

　　郑磊是个六年级的孩子，人缘很好。

　　有一次，他同桌新买的文具盒不见了，因为他只给郑磊看过，所以就告诉其他同学是他偷拿了。郑磊只是淡淡地说了一声自己没拿，便不再说话了。

　　第二天，同桌跟他道歉，说自己在家里找到了文具盒，原来是昨天忘带了。郑磊也只是笑了笑，说声："没关系。"

　　从那以后，大家更愿意跟郑磊在一起玩了。

　　妈妈应该告诉孩子，不要对他人的过失斤斤计较，更不要因为别人的错误，而让自己处于消极的情绪中，如愤怒、冲动等。

　　在平时的生活中，妈妈要注意培养孩子的情绪控制能力，以宽容的心来对待他人的行为。

▶▶ 建议三：指导孩子主动适应环境

　　环境不会主动来适应人，因此孩子必须主动地适应环境，接受现实生活中的行为准则和生活方式，对生活中的各种困难和矛盾，都能用切实可行的方式进行处理。

　　妈妈应该指导孩子，正确地面对生活中的变化，不要因为环境的变动而不安，应该主动地去了解环境，了解生活的变化，从而更快地适应环境。

>> **建议四：学会保持情绪稳定和愉悦**

情绪的稳定和愉悦，也是心理健康的重要标准之一。

孩子在幼年时期，从来不掩饰自己的情绪，高兴时就哈哈大笑，受了委屈就哭。

但是随着年龄的增长和心理的成熟，孩子必须学会控制自己的情绪。

妈妈应该指导孩子，正确地面对自己遇到的事情，指导孩子调节自己的情绪，告诉孩子，环境和所遇到的事情不能改变，但可以改变自己的心态。

妈妈应该鼓励孩子在面对不如意的事情时，保持情绪稳定，不以物喜，不以己悲。

>> **建议五：指导孩子愉快地接纳自己**

心理健康的孩子，一般都能客观地评价自己，对于自己的优势和劣势，都有清晰的认识和了解，他们不自欺欺人，不孤高自傲，能够悦纳自己。

平时妈妈在生活中，应该指导孩子正确客观地认识自己，告诉孩子们世界上的事物并不完美，不要妄自菲薄，也不能孤高自傲，应努力发扬自己的长处，克服自己的不足。

尊重孩子，做受孩子欢迎的妈妈

【教子现场】

王盛的父母离异，他被判给了妈妈。妈妈经济条件不好，靠干苦力赚取王盛的生活费和学费。妈妈对王盛寄予厚望，希望他将来能出人头地。

平时，妈妈对他的生活和学习都很关心，总是教育他要把所有的心思用在学习上面。王盛也很争气，一直努力学习，成绩也不错。

最近，少年的王盛喜欢上了周杰伦。他省吃俭用，攒钱买了周杰伦的专辑。

妈妈发现后，立即火冒三丈。她认为孩子没有专心学习，让她很失望。她霸道地将王盛珍视的专辑扔了，还用难听的话侮辱他的偶像。

妈妈的行为给王盛的心灵造成很大创伤，他认为妈妈一点也不尊重他。

【案例解析】

虽然孩子和妈妈在家庭中的角色不同，但是在人格上是平等的。妈妈要学会尊重孩子，因为只有尊重孩子的妈妈，才会赢得孩子的尊重、受到孩子的欢迎。

妈妈在家庭中的权威地位及性格，让她有这样的想法：孩子是我的，我可以用我喜欢的方式来教育他。这是错误的教子思想。

在这种错误思想的指导下教育孩子，缺乏对孩子的尊重，不但影响妈妈在孩子心目中的形象，还会影响孩子的心理健康。

随着孩子年龄的增长，他们内心会产生被父母理解和尊重的需要。如果妈妈忽视孩子的心理需求，缺乏对孩子基本的尊重，会扭曲孩子的心灵，影响孩子的人生观和价值观。

不懂得尊重孩子的妈妈，是不会受孩子欢迎的，在孩子心目中没有威信，也就不是一个成功的妈妈。

孩子的自尊意识很强，如果得不到妈妈应有的尊重，很容易造成行为上的偏差，做出极端的行为，不利于身心健康发展。

因此，教育孩子首先要学会尊重孩子。妈妈要学会尊重孩子的意见，让孩子自主选择喜欢的成长方式。

妈妈要尊重孩子的想法，不要将自己的想法强加于孩子；要尊重孩子的隐私，不干涉孩子的正常交友等。

妈妈要意识到，尊重孩子，既可满足孩子自尊心的需要，也可得到孩子的尊重。

妈妈做到了这些，孩子就会将妈妈看作自己的朋友，也就乐于将自己的心里话讲给妈妈听了。

【给妈妈的教子妙方】

>> 建议一：尊重孩子的人格

很多妈妈忽视孩子的精神需要，甚至侮辱孩子的人格而不自知。孩子虽小，但也有自己的独立人格。孩子和妈妈在人格上是平等的，所以妈妈要尊重孩子的人格。

王光磊的妈妈是一个很要强的人，对孩子的要求也很高，总是希望自己的孩子比别人强。

王光磊5岁的时候，妈妈就教他背诗。他背不下来，妈妈就会说他笨得像头猪。

慢慢地，王光磊变得不自信，每次妈妈批评他，他都低着头不说话。

一天，妈妈的同事去他家玩，妈妈让王光磊给大家背诗，可他只背了两句就忘了下面的。他自己在那儿低着头，小声地说："我忘了下面的了。"

妈妈生气地说："我怎么生了你这么笨的孩子！你要是件东西，我早就扔掉了。"

妈妈不应用言语侮辱孩子，也不应在外人面前指责孩子，要给孩子留面子，要尊重孩子的人格。

孩子犯了错误，妈妈不要轻易地指责孩子，而是应该询问孩子做错的原因，并在此基础上对孩子进行教育。这样孩子心理上就会产生对妈妈的信赖，教育的效果才会更理想。

>> 建议二：尊重孩子的兴趣

尊重孩子的兴趣，是妈妈教育孩子必须具备的理念。

兴趣是孩子成长和发展的催化剂，也是孩子前进的动力。妈妈不要将自己的梦想强加到孩子身上，要让孩子在兴趣的基础上发展自己的特长。

许多妈妈都希望孩子有一技之长，会擅自为孩子报很多辅导班，这样容易引起孩子的逆反心理。

如果妈妈尊重孩子的兴趣，让孩子发挥自己的特长，会有利于孩子和妈妈之间的沟通和理解，也有利于孩子身心的健康发展。

>> 建议三：尊重孩子的选择

孩子的自主性，一般体现在选择上。如果妈妈怕孩子的选择不正确，不给孩子选择权，而是按照自己的经验为孩子作出选择，是不尊重孩子的表现。

妈妈要舍得放手，让孩子自己选择。在孩子选择的过程中，妈妈可以给孩子分析各方面的情况，让孩子充分了解到自己选择的利弊，然后再作决定，而不是简单地替孩子作决定。

如果孩子是在认真考虑之后作出决定的，妈妈就更应该尊重，不要轻易否决。

　　随着孩子年龄的增长，他们会选择用写日记或者书信的方式来表达自己的情感和情绪。有的妈妈难以跟孩子沟通，就通过偷窥孩子隐私来了解孩子，这是不尊重孩子的表现。

　　王梦佳今年上初二了，最近学习情况不太好，老师反映她上课注意力不集中。妈妈也觉得女儿的表现有点反常：放学后，她常常一个人躲在屋里写东西。

　　这天等王梦佳上学后，妈妈悄悄地打开了她的抽屉，发现了她和笔友往来的信件。

　　王梦佳回家后，妈妈严肃地批评了她，还把她的信件销毁了。

　　王梦佳非常痛恨妈妈对她的不尊重的举动，母女关系陷入僵局。

　　孩子有自己的隐私，是成长道路上必须经历的阶段和过程。妈妈应该尊重孩子的隐私，用其能够接受的方式和孩子沟通，以帮助孩子健康顺利地成长。

放下架子，做孩子的朋友

【教子现场】

思君是个内向的孩子，很多时候妈妈想和她好好交流，可是看到女儿拒人于千里之外的态度，就打消了念头。

最近妈妈读了一本书，说妈妈要做孩子的朋友。于是，妈妈有意识地增加了和女儿接触的时间，关心她的学习、交友等情况。周末，妈妈带她出去玩，并主动参与到孩子的游戏中。

思君觉得妈妈和自己的距离一下子拉近了，她主动把自己的很多小秘密说给妈妈听。妈妈感到很欣慰：终于和女儿成了朋友。

【案例解析】

中国传统文化中的教育观，还在影响着当今很多妈妈的教育观。

她们认为，父母的地位是崇高和权威的；孩子是自己的，就应该按照自己的思想去塑造。她们教育孩子时，习惯于采用命令、训斥，甚至打骂等方式。

实际上，这样不但不会取得理想的教育效果，还会破坏亲子关系的和谐，使孩子对妈妈产生抵触情绪和逆反心理。

现代社会提倡平等、民主，对人才的独立性、创新性也提出了更高的要求，而这些素质的具备，需要一个和谐民主的家庭氛围才能得以实现。

这也对妈妈提出了新的教育课题。妈妈要从思想上改变旧有的观点，将孩子置于和自己平等的位置。

美国心理学家威德·霍恩说："做孩子朋友的真正含义，是要以平等的、孩子乐于接受的方式，贯彻自己的教育思想，说服孩子不做违规的事情。"

因此，妈妈要做孩子的朋友，需要深入理解孩子，了解孩子在情绪发展、生活和学习中的困惑，以自己的人生经验，对孩子的成长作出科学的指导。

妈妈信任孩子，做孩子的朋友，能够激发孩子内心的动力，帮助孩子获得快乐的情感体验。孩子会在妈妈的信任和理解下，一步步走向成功，实现自己的人生梦想。

【给妈妈的教子妙方】

▶▶ 建议一：做个陪伴孩子成长的好妈妈

教育孩子的实质在于父母的自身教育。妈妈只有先教育好自己，才能教育好孩子。先做真正意义上的妈妈，才能做孩子的朋友。

在孩子成长的过程中，需要的是一位能够教给他判断、辨别和区分各种是非曲直标准的妈妈。为人母，就要摆正自己在家庭教育中的角色，首先做个好妈妈。

好妈妈不能缺席孩子的成长，要抽出时间陪孩子，以孩子能接受的方式来教育孩子；要重视教育孩子的职责，真正对孩子起到引导作用。只有这样，才能当好孩子的朋友。

▶▶ 建议二：设身处地地理解孩子

很多妈妈给孩子的印象是不拘言笑、严肃的，这会加大孩子和妈妈之间的距离。他们觉得妈妈不理解他们，和妈妈做不了朋友。

因此，妈妈要设身处地地理解孩子，站在孩子的角度上考虑问题。

雅芬今年上七年级，她有个很严肃的妈妈。每次考试结束后，妈妈都会看她的成绩单。如果雅芬的名次上升了，妈妈就会很高兴，反之则会生气地批评她。

这学期换了一位英语老师，雅芬还没有完全适应，导致她这次英语成绩不理想，但是她有信心下次考试时把成绩提上来。

可妈妈看到她的成绩单后，也不问原因，就直接训斥雅芬。这下打击了雅芬学好英语的积极性。

妈妈要了解孩子的发展规律，不要以成人的眼光看待孩子，要用心体会孩子眼中的一切，这样才能正确地引导孩子。

▶▶ 建议三：放下架子，和孩子平等相处

妈妈要想跨越和孩子之间的"鸿沟"，就必须放下架子和孩子交朋友，去了解孩子的内心世界，成为孩子的良师益友，这样亲子关系才会更融洽。

妈妈要把孩子当成独立的个体来看待，允许孩子自己作出决定，这是和孩子做朋友的基础。

妈妈要放下高高在上的优越感和权威意识，放弃专制的管教方法，心平气和地和孩子交流，采用恰当的方式教育孩子，这样才会取得理想的教育效果。

》》 建议四：增加和孩子的心灵沟通

孩子的心灵是敏感的，妈妈要想和孩子做朋友，尤其要重视和孩子心灵上的沟通。

妈妈要做到真诚地和孩子沟通，多和孩子接触，通过谈话、游戏等方式，增加和孩子之间的信任。

陈爽的爸爸妈妈离婚了，她被判给妈妈。陈爽好像变了个人似的，整天没精打采。她的成绩本来就不理想，现在更差了。

陈爽妈妈也忙着工作，没有注意到孩子的情绪变化。陈爽体验不到家庭的温暖和心灵上的呵护，竟得了抑郁症。

妈妈意识到自己教育上的失误，于是主动减少了工作量，还请假带孩子出去旅游。

陈爽将自己心里的感受告诉了妈妈，妈妈向她解释了很多问题。听了妈妈的话，她的心情豁然开朗，还体会到了妈妈的不容易。

妈妈要留意孩子的心理变化，用爱去化解孩子的疑惑，稳定孩子的情绪，帮助孩子健康成长，和孩子建立和谐的朋友关系。

做孩子最耐心的听众

【教子现场】

王琳在小学里一直是班长，能力出众，学习成绩也很好。

但是升入初中，曾经耀眼的她，没有之前那么优秀了。她难以适应新的学习环境和学习要求，觉得压力增大。在最近的班干部选举中，她也落选了。

她想将自己的问题说给妈妈听，可妈妈总是以忙为理由，拒绝听她**的倾诉**。

这天，王琳见妈妈有空闲，就把自己的情况告诉了妈妈。

没想到，她的话还没有说完，妈妈就火冒三丈，质问王琳是什么原因导致现在这样。王琳觉得妈妈很不理解她，感觉自己很委屈。从此，她很少和妈妈交流了。

【案例解析】

孩子都渴望与父母进行交流。而在孩提时期，孩子对妈妈的依赖更多一些。妈妈在和孩子进行交流时，不仅要用耳去听，更要用心去倾听。

妈妈要做孩子最耐心的听众，聆听孩子的心声，了解孩子的想法，从而及时发现孩子的问题，帮助孩子解决困难。

孩子向妈妈倾诉的时候，渴望妈妈耐心地听完自己的话，以此来满足自己被重视的需求。因此，妈妈在听孩子说话的时候，不要表现出不悦、不感兴趣或随意打断孩子话的行为。

心理学家认为，妈妈允许孩子通过语言将自己积极的、消极的情绪表达出来，是对孩子最大的保护。

孩子希望与妈妈分享喜悦、悲伤，但是很多妈妈只爱听"好消息"，不爱听"坏消息"。这样，孩子的消极情绪得不到合理发泄和化解，累积到一定程度，会变成对抗情绪，对孩子和家庭都会带来损害。

妈妈在听了孩子的想法后，可以重复其中的要点，以明确孩子话语和帮助孩子梳理思路。

其实很多时候，妈妈在和孩子的交流中，并不一定要说什么，只要静静地听孩子把话讲完，孩子就会得到满足。

妈妈作为倾听者所给予孩子的关注、尊重和时间，是对孩子最有效的理解和帮助。

不少妈妈在和孩子的交流中，都是自己说，让孩子听，这样妈妈就不能了解孩子的想法和感受了。

妈妈应该给孩子说话的机会，多让孩子说，自己则应多听少说。

【给妈妈的教子妙方】

》》 建议一：妈妈要多听少说

多听少说，是亲子沟通过程中重要的一环。大耳朵、小嘴巴的妈妈，是最受孩子欢迎的。当孩子出现问题时，妈妈要积极聆听，以理解和认同的态度，让孩子尽情倾诉。

耐心倾听孩子的话，是妈妈的责任。孩子心中的感受得到倾诉之后，烦恼会消失很多，这样才能以轻松和健康的心态，面对生活和学习中的挫折和困难。

》》 建议二：认真听孩子讲话

妈妈要做一个耐心的听众。在和孩子交流的过程中，妈妈应集中注意力，划出固定的时间和安静的地点，认真地听孩子讲话。

在听孩子讲话的过程中，妈妈要用眼睛注视着孩子，要主动停下自己正在做的事情，全心全意地听孩子讲话。

孩子得到了尊重，才会主动和妈妈沟通。

》》 建议三：对孩子的话表现出兴趣

如果妈妈对孩子说的话表现出真实的兴趣，不仅有利于和孩子之间的沟通，也会让孩子产生自己被重视、被尊重的良好情感体验。

叶飞以前特别喜欢说话，每天放学后，他都要把学校里的趣事说给妈妈听。叶飞的妈妈是位车间主任，工作忙、时间有限，对他的学习也抓得很紧。

一次，叶飞又打开话匣子，可妈妈说："别再说了，整天光说废话！你要是把心思都用在学习上，成绩早就上去了。"叶飞不满地闭上了嘴，回到自己的房间。

渐渐地，妈妈发现叶飞变得沉默寡言了。

妈妈对孩子表现出关注，会增加孩子的安全感。孩子愿意在这种安全感中多与妈妈交流，把自己的所有感受倾诉给妈妈。

如果妈妈表现出对孩子倾诉的不耐烦和粗暴制止，会伤害孩子的自尊心和对妈妈的信赖感，从而把自己的心灵封闭起来。

>> 建议四：不要随意打断孩子的倾诉

　　妈妈打断孩子的话，不给孩子倾诉的机会，必然会造成亲子沟通的障碍。

　　孩子希望得到妈妈的关注、鼓励和帮助，所以倾诉的欲望很强烈。可是如果妈妈随意打断孩子的话，让孩子想说的话说不出来，孩子会逐渐失去对妈妈诉说的热情，从而养成孤僻、内向的不良性格。

　　聪明的妈妈要给孩子尽情诉说的机会，这样妈妈才能更理解孩子，而且还会拉近和孩子之间的距离，使亲子之间的感情更加融洽。

>> 建议五：善于倾听孩子的弦外之音

　　妈妈在和孩子沟通时，要耐心聆听孩子的话，留意孩子没有明确说出的思想感情。

　　孩子可能会因为自尊或者别的原因，没有直接说出自己的想法，但又很想让妈妈明白他们的意图，这就需要妈妈善于倾听孩子的弦外之音。

　　开家长会时，老师特意强调了董振宇的成绩有所下降，要求妈妈给予注意和帮助。

　　回家后，董振宇本以为妈妈会训斥他，可是妈妈没有。相反，妈妈耐心地询问他，是不是最近有什么事情不顺心。

　　董振宇对妈妈说，刚换的英语老师他不喜欢。新老师的教学风格和以前的老师有很大的区别，他无法适应。

　　妈妈从他的话中知道了孩子学习成绩下降的原因，便积极帮助他调整心态，让他顺利地度过了这个小小的危机。

　　妈妈在聆听孩子的感情、想法时，要注意观察孩子的肢体表现，也要培养自己对孩子内心情感的敏感度。这需要妈妈平时多了解孩子，而了解孩子的主要途径，就是倾听，听出孩子的弦外之音。

妈妈的赏识是孩子心灵的阳光

【教子现场】

　　方紫烟今年5岁，是一个活泼可爱的小姑娘。她聪明懂事，还能弹奏优美

的电子琴乐曲。这些成就，与妈妈对她的赏识教育是分不开的。

妈妈的认可和赞赏，使方紫烟更加努力，并且在各方面都尽量做好，以博取妈妈欢心。

方紫烟在开始学琴的时候，总是找不准音，手法也总是记不住，因此总是跑调。妈妈听了没有责怪她，而是说："好宝贝，弹得真好，比前几天进步多了，如果能区分开'咪'和'啦'这两个音就更好了。"

妈妈赞赏中的提醒，使方紫烟既开心又惭愧，决定一定要注意那两个音。就这样，在妈妈的不断赏识下，方紫烟也在不断进步、提高。

【案例解析】

孩子是妈妈手心里的宝，妈妈用一双欣赏的眼睛去看他，他就会努力表现自己的优秀。没有比赏识更有效的方式，能使孩子按照妈妈的理想目标去健康成长了。

赏识，特别是自己最重要、亲近的人所给予的赏识，更能激发人的上进心。

妈妈给予孩子赏识，会让孩子在爱的阳光下，感受到更加温暖的力量，促使他更好地学习和表现自己。这有利于孩子的健康成长。

赏识的力量是无穷的，它就像一种催发剂，能把孩子内心深处潜藏的力量发掘出来，从而表现得更优秀。

赏识是一种积极的刺激，妈妈用它去激发孩子的信心和能力，从而达到成就孩子的目的。

赏识不需要太多言语和行动，一个肯定的眼光、一句赞赏的话语、一个佩服的手势、一个温暖的拥抱，都会让孩子备受鼓舞。

妈妈不要吝啬这种赏识的行为，要向孩子慷慨地表达自己的赏识，从而有力地促进孩子的进步。

表达赏识不需要太多代价，只要妈妈感受到孩子向上的心理，善于发现孩子的优点，并且及时给予孩子积极的认可，孩子都会马上接收到这个信息，并且转化为自己的内在动力。

做一个积极的、理解孩子的好妈妈，把爱与赏识洒向孩子的心田，让孩子健康、茁壮地成长。

【给妈妈的教子妙方】

>> 建议一：表达对孩子的爱意

孩子是敏感的，妈妈对孩子表达出赏识，会让孩子感受自己是被喜欢的、被妈妈爱的，这样孩子会觉得很幸福，也愿意让妈妈开心，做一些妈妈期望看到的事情。

所以，妈妈一定要学会用微笑面对孩子、用赞扬激励孩子、用赏识肯定孩子，让孩子感受到妈妈无穷的爱。

>> 建议二：满足孩子的心理期望

没有人希望被别人说成是失败的、没用的，这会使人丧失勇气和信心，并且感到对生活的无望。

妈妈面对孩子，一定不能给予否定，特别是对一个满怀期望的孩子。无论他做得好坏，妈妈都应该满足他的被认可、被肯定的期望心理。

佳佳在练习书法，她认真地写了半天，自己感觉很满意，然后兴冲冲地拿去给妈妈看，一心希望得到妈妈的赞扬。可是妈妈看后说："没什么长进，还差得远呢，你慢慢练吧！"

佳佳听了很失望，感觉自己真的很努力了，却还是没长进，于是不想再练了。

孩子的心是脆弱的，妈妈一句无意的话，可能会伤害到那颗稚嫩的心。所以，妈妈一定要做个善解孩子心意的妈妈，不要让孩子满怀期望的心理受到打击。

>> 建议三：肯定孩子的成绩

每个孩子都有一种表现欲，他们希望自己被肯定，更希望这种肯定来自于妈妈。妈妈应该知道，肯定孩子，是提高孩子积极性的最好方法。

孩子在做某件事情的时候，特别是刚开始时，即使孩子的进步很小，妈妈也要及时给予肯定和赞扬。

肯定和赞扬，会使孩子产生成就感，增加自信，愿意更积极地去努力，取得更大的成绩。

妈妈不要忽视孩子小小的进步和成绩。孩子生活在被肯定的状态下，才能形成良好的心态，具有自信心和不断前进的勇气。

>> 建议四：告诉孩子"你很棒"

孩子几乎没有自我评判性，他对自身价值的认识，基本来自于外界。积极的评判，对孩子能起到很好的激励作用；而消极的评判，则会使孩子丧失信心，消极抵抗。

妈妈在孩子小的时候，应该给予孩子更多积极的评判，让孩子形成良好的自我认知，这是他成就未来学业和事业的基础。

妈妈应该告诉孩子"你很棒"、"你能做到"、"你很聪明"等正面的、肯定的语句，这些积极的价值评判，会对孩子产生良好的心理作用，使孩子满怀信心地去做任何事。

>> 建议五：不要随意批评孩子

孩子由于自身经验的缺乏，开始时不可能什么都做好。他可能会失败，可能无法完成妈妈的预期和任务。

在这样的情况下，妈妈不要批评孩子，而是首先对他的付出表示肯定，然后再教他改进做事的方法，让他不断尝试，直至成功。

果果今年上小学三年级，开始学习英语。妈妈对她的英语学习很关注，希望从一开始就打牢基础。于是，每天果果回到家，妈妈都向她提问，让她默写英语单词。

刚开始时，果果默写十个会错五个，妈妈没有批评她，而是对她默写对的表示肯定，然后教她练习和记住单词的方法。

通过妈妈正确的指导，果果增强了信心，在后来的默写中，差不多都能写对了。

当孩子完不成任务、做不好事情时，批评只能打击孩子的自尊心和自信心。正确的做法，是鼓励和用正确的方法去引导孩子。

和孩子心贴心，每天陪伴孩子

【教子现场】

陈燕的妈妈由于工作的原因，要经常出差，没有多少时间陪孩子。

现在陈燕5岁了，她常常一个礼拜都见不到妈妈一面，因此，感觉像是被妈妈抛弃的孩子，总是郁郁寡欢。看到别的孩子在妈妈身边撒娇，她就特别羡慕。

渐渐地，陈燕变得不爱和小朋友们玩，也不爱说话，总是一个人发呆。

妈妈发现女儿的这些变化，担心会造成孩子性格上的缺陷，就毅然换了一份工作，每天都能够陪伴女儿。陈燕变得开心起来。

【案例解析】

没有什么比陪在孩子身边，更让孩子感觉到温暖和爱。妈妈要每天陪伴孩子，让孩子在妈妈的爱中健康成长。

妈妈是孩子最需要的人。妈妈给予孩子的，不仅仅是生活上的养育、知识上的教育，更是心灵上的依托。妈妈的爱是任何人都不能代替的。

孩子对妈妈有种天然的依赖。婴幼儿时，孩子看到妈妈就会感到安全、满足。长大后，孩子有了自己的内心世界，妈妈要通过陪伴孩子，让孩子感觉到妈妈无微不至的关爱，才能走进孩子的心灵，得到孩子的信任和接纳，这样，母子才能很好地沟通，否则很容易产生隔膜感，妨碍亲子之间的交流。

妈妈对孩子的成长起着非常大的作用，孩子的身体发育，品德、行为、习惯的养成，都和妈妈息息相关。

妈妈要自觉担当起这个重任，不断亲近孩子，多陪伴孩子，使孩子的心灵充满阳光、温暖。

妈妈要一直保持和孩子亲近的态度。妈妈可以改变接触孩子的方法，但不能改变的是关爱孩子的心。

即使妈妈再忙，也不要忘记和孩子接触、交流，及时疏导和解决孩子生活中的困惑、学习中的问题，做个亲进孩子、了解孩子、引导帮助孩子的好妈妈。

【给妈妈的教子妙方】

▶▶ 建议一：再忙都不要忘记陪孩子

现代社会生活节奏比较快，很多妈妈都要工作，甚至工作会很忙。

但是妈妈要记住，再忙，也不要忘记抽出一定的时间，陪一陪孩子，让孩子感觉到妈妈的存在和关爱。

王君的妈妈上班比较忙，而且是早出晚归型。根据孩子的作息规律，应该是一整天都见不到妈妈的，可事实并不是这样。

王君不但每天都能见到妈妈，而且还会听妈妈讲故事。

原来，王君有夜里上厕所的习惯，每到午夜十二点左右就会醒来。这时妈妈也还没睡着，就走到女儿的房间，抱着她和她聊一会儿。

女儿真切地感受到妈妈的爱抚，也很享受这段宝贵时光。

妈妈和孩子保持亲密接触，是形成孩子良好心理的最佳方式。因此，妈妈一定要想办法，抽出一定的时间来陪孩子。

▶▶ 建议二：把孩子当成朋友

妈妈要想和孩子保持良好的关系，就应该把自己变成孩子的朋友，这样孩子才会把妈妈当成亲密的伙伴，什么事都向妈妈说，让妈妈走进他的内心世界。

如果妈妈总是一副居高临下的样子，对孩子老是用命令、指挥的态度，就必然遭到孩子的排斥，用孩子的话说："我们不是一伙的。"

这样孩子怎么能和妈妈无话不谈呢？因此，妈妈一定要放低自己的姿态，让孩子把自己当成亲密的朋友。

>> 建议三：用多种方式和孩子交流

随着年龄的增长，孩子不会再像小时候那样整天黏着妈妈了。他有了自己的朋友圈，并且有了性别倾向，可能和妈妈的关系会有所疏远，不愿意什么事情都告诉妈妈，即使遇到难为情的事情，也不愿和妈妈说。

这时，妈妈可以变着法和孩子交流，以帮助孩子解决心理和生活中的问题。例如，可以通过写信、发邮件等间接的方式，与孩子交流思想。

>> 建议四：和孩子共同参与一项活动

在生活中，为了加强妈妈和孩子之间的沟通和交流，形成一种和谐融洽的亲子关系，妈妈可以通过和孩子共同参与某项活动，来实现相互激励，得到交流的乐趣。

由于性格倔犟，小希特别喜欢和妈妈作对。

这天，小希学校要举行运动会，她报了一个中跑项目。妈妈为了拉近和孩子的距离，就对她说："正好妈妈想每天早晨起来跑步，锻炼身体、减肥。我们一起去跑步吧，你也正好为运动会做做准备。"

妈妈和小希约好，每天到约定的时间，谁还没起床，另一个人就负责把她从床上拉起来，并相互激励坚持下去。

于是每天早上，人们会看到两个身影在公园小路上跑步，母女俩的感情也随之与日俱增。

通过一个共同参与的活动可以激发孩子与妈妈有意识的协作感，加强两代人的沟通和理解，这是增强亲子关系的好办法。

>> 建议五：拥抱你的孩子

没有什么比拥抱更温暖、更让人感动了。妈妈要经常拥抱孩子，因为这个小小的动作，会让两代人产生美好的感情，妈妈又何乐而不为呢？

当孩子走出家门去上学的时候，妈妈给他一个拥抱，让他走路小心点，孩子会含着微笑，愉快地走向学校，孩子在愉快的心情下学习，效果当然会更好。

当孩子遇到困难挫折时，妈妈给孩子一个拥抱，是鼓励，是安慰。

当孩子成功时，妈妈给孩子一个拥抱，是赞扬，是肯定。

多给孩子拥抱吧，让孩子深切地体会到妈妈的爱。

鼓励孩子主动说出心里的想法

【教子现场】

周秀在家里一点儿地位都没有，甚至连说出自己想法的机会都没有。

在小学升初中时，周秀因为几分之差没能考上重点初中，妈妈为此经常责备她，让她觉得很受伤害。

一次，周秀在班里考了前三名，老师特意表扬了她的进步。回家后，周秀高兴地想和妈妈说自己的成绩，可是妈妈没兴趣听，说考上重点高中才是本事。

周秀的积极性大受打击，她决定以后无论什么事情都不跟妈妈说了。

【案例解析】

在重视交流和合作的现代社会，孩子的说话能力和讲话水平，被用来当作评价孩子知识、修养和能力的重要标尺。

所以，妈妈要重视对孩子说话能力的培养，特别是对一些不爱表达自己观点的孩子，妈妈一定要鼓励孩子主动地说出自己心里的想法。

青春期的孩子，由于面临生理、心理上的重大变化，会对自己产生不良的评价，导致孩子不敢表达自己，羞于在他人面前说话。

如果孩子不能很好地表达自己的想法，别人就会无法了解孩子。孩子不说出自己内心的想法，妈妈也就不能很好地了解孩子的困惑，不能给予孩子及时的引导和帮助。

妈妈要鼓励孩子主动说出心里的话，要站在孩子的角度理解孩子，不能因为孩子的想法幼稚，而对孩子冷嘲热讽，这样会挫伤孩子说话的积极性。

妈妈要告诉孩子，说话能力对他的性格以及人生发展的关键作用。孩子意识到了说话的重要性，才会敞开心扉，说出自己的想法。

有的孩子本身性格内向，妈妈要尽量让孩子多和外界接触，在和他人接触的过程中，培养自己开朗的性格，养成和别人交流沟通的好习惯。

很多孩子在外人面前会害羞，妈妈要尊重自己的孩子，站在朋友的位置，用心去感化孩子，帮助孩子矫正害羞的习惯。

妈妈要鼓励孩子说出心里话，这也是改善亲子关系的桥梁。

【给妈妈的教子妙方】

➤➤ 建议一：和孩子保持有效的沟通

妈妈和孩子保持良好的沟通，孩子才会大胆地说出自己的想法。如果孩子说出自己的想法后，得到妈妈的否定或者忽视，以后孩子就会隐瞒自己的真实想法。

妈妈要抽出时间和孩子进行交流，了解孩子的想法，鼓励孩子勇敢地说出自己的想法。

妈妈要对孩子的想法进行善意的表扬，以此来激励孩子说话的欲望，并把说话的欲望从家庭延伸到学校和社会。

➤➤ 建议二：要尽量避免唠叨

很多妈妈习惯于对孩子唠叨，这是妈妈常见的不良习惯，它会使孩子生活在无奈的嘈杂的环境中。

徐雯的妈妈是个爱唠叨的人，一看到徐雯有做得不对的地方，她就会唠叨个不停，而不是引导女儿怎么正确地去做。

开始，女儿会和妈妈辩解，但是妈妈说女儿不听话，还把她以前的错误都数落个遍。

妈妈唠叨的次数多了，徐雯也懒得和妈妈理论了，她变得沉默寡言，妈妈说什么她也不吭声。

在学校里，她也只是安静地学习，很少和他人说话，几乎没有朋友。

最初，孩子会试着和妈妈说出自己的想法，但是时间一长，孩子会对妈妈的唠叨视而不见，会用沉默的方式来反抗。

在这样的家庭环境中，孩子会不乐意和妈妈说话，以免引起妈妈更多的唠叨，久而久之，就会削弱孩子说话的能力。

>> 建议三：提高孩子的语言表达能力

妈妈要重视增强孩子的口才教育。优秀的孩子，都是综合素质很高的人，不论是在学习上还是在和别人的交流上。

口才是孩子能力的体现。不少学校在招生时，除了看孩子的成绩外，还增加了面试的环节，其实就是为了考察孩子的说话能力。

孩子的语言表达能力，不是天生具备的才能。妈妈要在孩子的成长过程中，有意识地锻炼孩子的语言表达能力。

>> 建议四：给孩子勇敢表达的机会

生活中，孩子大部分的时间都是在听妈妈说话，而不能主动地说出自己的想法。

小时候，孩子都是问题专家，会问妈妈很多奇怪的问题。但是很多妈妈不重视孩子的问题，或以成人的眼光来看待孩子的问题，导致孩子变得不再爱说话。

刘佳曾经是个爱说话的孩子，可是最近她变得沉默寡言。这主要是她的妈妈不当的教育方式造成的。

刘佳对很多新鲜的事物都感兴趣，她会问妈妈很多在妈妈看来很简单的问题。每次女儿提问时，妈妈不是笑话女儿笨，就是以各种理由来推托对女儿问题的解答。

妈妈的态度打击了刘佳说话的积极性，她渐渐地就不喜欢说话了。

在日常生活中，妈妈要有意识地与孩子进行沟通，启发孩子用提问的方式来刺激自己说话的能力。妈妈要对孩子的问题细心解答，以此来强化孩子说话的意识。

妈妈要从孩子的内心出发，学会尊重和理解孩子，孩子才会勇敢地说出自己的问题。

和孩子一起分享喜怒哀乐

【教子现场】

老师发现宋瑶最近情绪有了很大的变化。以前的她是个活泼开朗的孩子，现在的她却变得沉默寡言，常常一个人发呆。

老师通过和她妈妈的交流发现，是因为妈妈的不当态度，导致了她现在的状况。

宋瑶在班里的成绩一直都不错，可是上次考试，她的成绩下降了不少。她不知道问题出在哪儿，回家后急着和妈妈说出她的烦恼，但是妈妈以忙为理由，根本就不给她说话的机会。

自此以后，她就变了很多，不但学习成绩没有起色，连整个人的性格都变得内向了。

【案例解析】

妈妈要做孩子的朋友，主动和孩子分享喜怒哀乐。和孩子一起分享喜怒哀乐，可以增加妈妈和孩子之间的信任和理解，也是妈妈尊重孩子的体现。

妈妈学会分享孩子的喜怒哀乐，会加深孩子对妈妈的感情，也会获得孩子的信任，强化家庭教育的效果。

妈妈和孩子一起分享喜怒哀乐，有利于孩子的健康成长。

当妈妈发现孩子处于痛苦中时，要及时和孩子分担他的烦恼、痛苦，并且用和蔼的语气开导孩子，这样可以使孩子更快地从痛苦中走出来。

如果孩子处于快乐的状态，妈妈也要及时发现，以便延续孩子的快乐情绪。

妈妈和孩子一起分享喜怒哀乐，孩子会觉得生活在快乐健康的家庭里，可以增加彼此之间的理解。

妈妈还可以在这个过程中，教给孩子为人处世的道理，促进孩子的健康发展。

妈妈和孩子一起分享喜怒哀乐，可以使孩子感觉到和妈妈处于平等的地位，有利于拉近妈妈与孩子之间的关系，从而使孩子对妈妈更加尊敬，也会主动向妈妈说出自己的心事。

每个人都有和他人分享喜怒哀乐的需求，孩子的这种需求更加强烈。妈妈要特别关注孩子的情感需求，无论多忙，都要抽出时间和孩子在一起，分享彼此的喜怒哀乐。

【给妈妈的教子妙方】

▶▶ 建议一：以平等的态度对待孩子

妈妈应该努力营建民主和谐的家庭氛围，用平等的态度对待孩子，做孩子的知心朋友，这样，孩子就会主动和妈妈分享自己的喜怒哀乐。

妈妈要放下家长的架子，蹲下来和孩子说话。孩子感觉到妈妈对他的尊重，才会将自己的心里话告诉妈妈，从而得到妈妈的指点和帮助。

▶▶ 建议二：增加和孩子共处的时间

妈妈对孩子的爱是无可代替的，但是很多妈妈都以工作忙为理由，没有安排和孩子共处的时间，或者即使有也太少。

这样将导致亲子关系的疏远，孩子有什么心里话，不会主动和妈妈说。

妈妈要合理安排和孩子共处的时间，增加与孩子交流的机会，这样才能和孩子一起分享喜怒哀乐，以丰富的人生经验，解答孩子的疑惑，使孩子健康成长。

▶▶ 建议三：多和孩子进行心灵沟通

由于孩子年龄和社会阅历的限制，常常难以排解自己的不良情绪，这就需要妈妈多和孩子进行心灵沟通，及时分担孩子的烦恼，帮助孩子解决心理困扰。

崔丽是个很内向的孩子，从来不主动和妈妈谈心。

妈妈发现，最近她的情绪不大对劲，时常一个人坐在书桌前发呆，很不开心。

妈妈主动和她聊天，问她是不是学习上遇到了麻烦。崔丽看到妈妈真诚的态度，就将自己的数学成绩差，这次考试连及格都没有达到的事情告诉了妈妈。

妈妈帮助崔丽分析了原因，制订出应对的策略，并鼓励她不要灰心，相信她以后会有很大的进步。

崔丽在妈妈的鼓励下，重新鼓起了信心。

妈妈要留意孩子的情绪变化，用心去体验，和孩子产生心灵上的共鸣，孩子才会向妈妈敞开心扉。

妈妈只有多和孩子进行心灵沟通，才能聆听到孩子的心声，对孩子的成长起到帮助作用。

>> 建议四：重视孩子的情感表达

孩子有强烈的自尊心，渴望从妈妈那里得到尊重。在与妈妈分享自己情感的过程中，孩子是快乐的，尽管他们的语言表达能力有限，但是也希望得到妈妈的认同。

妈妈要珍视孩子的情感表达，不要以成人的眼光看待孩子，要站在孩子的角度分析问题，使孩子体验到亲情的温暖和可贵。

>> 建议五：主动和孩子分享自己的喜怒哀乐

妈妈如果有开心的事情，要以通俗的方式告诉孩子，不要认为孩子小，无法理解，就不和孩子交流，这样孩子会觉得自己的情感游离在家庭之外，会产生孤独感，也就不会将自己的喜怒哀乐告诉妈妈了。

李博的妈妈最近工作压力很大，常常加班到很晚，休息不好，因此在家里脾气也不好，有时候会无缘无故地冲李博发火。

　　李博小心翼翼地问妈妈为什么不开心，妈妈觉得李博也不小了，可以理解自己了，于是将自己的情况告诉了他。

　　懂事的李博告诉妈妈，自己会好好学习，不让妈妈操心，还嘱咐妈妈要注意身体。

　　妈妈听后感到很欣慰。

　　妈妈要主动和孩子分享自己的喜怒哀乐，让孩子觉得和妈妈处在一个水平线上，促使孩子主动说出自己的喜怒哀乐。只有这样，妈妈才能和孩子一起成长。

第四章

信心是成功的起点，点燃孩子的自信

　　自信的人能够客观地评价自己，既不刻意隐藏自己的缺点自欺欺人或者总盯着自己的缺点而沉浸在自卑中，也不因自己的长处而自傲。

　　自信对孩子一生的发展都具有至关重要的作用。只有自信的孩子才能把握住成功的机会，勇敢地克服困难，取得最后的胜利。因此，父母应该及早培养孩子的自信品质。

信心决定孩子人生的高度

【教子现场】

美国总统罗斯福还是参议员时，潇洒英俊、才华横溢，深受人们爱戴。

有一天，他在加勒比海度假游泳时，突然感到腿部麻痹，幸亏抢救及时，才避免了一场悲剧的发生。

经过诊断，罗斯福被证实患上了"腿部麻痹症"，医生对他说："你可能会丧失行走的能力。"罗斯福没有被医生的话吓倒，反而笑呵呵地对医生说："我还要走路的，而且我还要走进白宫。"

第一次竞选总统时，罗福斯对助选员说："你们布置一个大讲台，我要让所有的选民看到我这个患麻痹症的人，可以走上去演讲，而且不需要任何拐杖。"

当天，他穿着笔挺的西装，充满自信地从后台走向演讲台。

他的每一步都让美国人深深地感受到他坚强的意志和十足的信心。后来，罗斯福成为美国政治史上唯一一个连任四届的伟大总统。

【案例解析】

在很多成功人士的身上，都无一例外地具备超强的自信心。正是在自信心的驱动下，他们敢于对自己提出更高的要求，鼓励自己不断努力，直至成功。

高尔基说："只有满怀信心的人，才能在任何地方都自信，沉浸在自己的生活中，并实现自己的意志。"

信心是孩子学习和事业获得成功的保证和动力，对于孩子的发展有着基石性的作用。信心决定了孩子一生能够取得的成绩，也就决定了孩子人生的高度。

信心的力量在于，即使孩子身处逆境，也能扬起前进的风帆；即使遭遇不幸，也会鼓起生活的勇气。

反之，一个人如果失去了信心，就容易被颓废和绝望所困扰，甚至会毁掉自己的一生。

人的魅力不在于容貌俊美与否、身材高大与否，而在于自信。孩子如果没有信心，就不会坚强、勇敢、大胆，不会积极地追求生活目标和美好未来，也就不会成为顶天立地的社会栋梁。

缺乏信心的孩子一般表现为：情绪低落、郁郁寡欢；疑神疑鬼，怀疑他人或不喜欢自己；常常贬低他人；不求上进，自暴自弃；逃避竞争；语言表达能力较差等。

造成孩子缺少信心的原因主要有以下几方面。

妈妈为孩子包办太多，限制了孩子亲身实践的机会，使他们缺少对自身能力的正确认识。

妈妈经常限制孩子的行为，孩子受到妈妈的训斥，不敢尝试自己做事。

妈妈望子成龙心切，期望值太高，孩子无法获得成功的愉悦体验，心理负担重，害怕失败，从而缺乏信心。

妈妈不正确的教养态度，是孩子缺乏信心的主要原因。因为孩子习惯以妈妈对自己的评价作为评价自己的标准，所以，孩子信心的获得，需要妈妈的帮助。

【给妈妈的教子妙方】

≫ 建议一：要让孩子认识到信心的重要性

信心是一种优秀的心理品质，是促使孩子积极向上的内在动力，是孩子取得成功必备的、重要的心理素质。

自信心是孩子心理健康的需要。人都有一种表现自我、获取认同的本能倾向。自信的孩子更容易被人认可，从而满足他们的心理需要，也就更容易取得成功。

有信心的孩子，会激发其内在的潜能，朝着自己的既定目标前进；而缺乏信心的孩子，做事畏畏缩缩，没有勇气和胆识，不会有大的成就。

只有孩子真正认识到信心的重要性，才会自觉地树立起信心。

≫ 建议二：要常常告诉孩子"你能行"

缺乏信心的孩子，长期处于失败的状态中，已经在心里为自己做了消极的评价，他们会暗示自己"我不行"，这样的心理，让孩子不敢尝试新鲜的事物，越来越缺少自信。

刘鑫喜欢画画，虽然今年才 7 岁，但是已经在市里的绘画大赛中拿到了不少奖项。

以前，刘鑫认定自己不是画画的料，这缘于妈妈对他一幅画的随意评价。妈妈的评价在刘鑫的心里生根发芽，使他对自己产生了怀疑。

妈妈发现了刘鑫的变化，并且知道了自己的错误，就有意识地告诉刘鑫"你能行"等鼓励他的话。

妈妈的鼓励有效地传达给了刘鑫。刘鑫重新树立了信心，并取得了很大的成绩。

妈妈要有意识地发现孩子自信的表现，然后及时地给予赞美和表扬，淡化孩子"我不行"的心理。妈妈要经常告诉孩子"你能行"，帮助孩子树立起自信。

▶▶ 建议三：妈妈要随时巩固孩子的信心

孩子的信心不是一朝一夕建立的，妈妈培养孩子的信心是个不间断的过程。当妈妈看到孩子成功地树立起信心的时候，还要用不断的鼓励来强化、巩固孩子的信心。

巩固孩子的信心需要时间和耐心。妈妈不可过于挑剔孩子，否则会打击孩子的信心，也不可过于表扬孩子，以免孩子滋生骄傲情绪。

只有随时随地、适当的鼓励，才能不断提高孩子的信心。

多多赏识，善于放大孩子的优点

【教子现场】

林森一直是个学习成绩优异的孩子，每次开家长会，林森的妈妈都会作为家长代表发言。受到其他同学妈妈的羡慕、赞赏。林森的妈妈感到很自豪。

可是有一次考试，林森因为身体的原因，没有发挥出正常水平，在班里的名次下降了。

家长会上，林森的妈妈没有机会讲话了，为此她觉得很丢脸，便将所有的错归结到林森身上，看着林森，觉得他哪里做得都不好。

林森终于忍不住说道："您爱的不是我，而是我的成绩。"

【案例解析】

赏识是一种心态，也是妈妈应该具备的教育理念。赏识是一门艺术，妈妈要找出孩子的点滴进步加以赞美，推动孩子不断地进步。

孩子需要得到来自妈妈的赏识，渴望得到妈妈的关注和认可，尤其是孩子在遭遇挫折和困难的时候，更需要妈妈的赏识。

每个孩子身上都有优点和缺点。有的妈妈只看到孩子的缺点，忽视了孩子的优点；有的妈妈以成人的尺度衡量孩子，看不到孩子的进步和成绩，觉得孩子做的都是应该的；有的妈妈虽然夸奖了孩子，但是由于孩子的表现还是和自己心中的标尺差距很大，在夸奖孩子的时候往往会再加上一个小尾巴，比如说："你考得不错，但是……"

孩子对这类批评很敏感，会弱化妈妈之前的赞美效果，严重的还会破坏亲子关系的和谐。

妈妈要善于发现孩子的每一点进步，对孩子的每一点进步都要有所表示，并且努力放大孩子的闪光点，才会收到理想的教育效果。

成功的妈妈和不成功的妈妈之间的差别在于，能不能找出孩子的优点。

在生活中，很多妈妈都习惯寻找孩子的缺点，然后放大，拿着自己孩子的缺点和其他孩子的优点相比较，越比越觉得自己的孩子一无是处。

还有的妈妈总希望自己的孩子可以出人头地，他们希望自己的孩子什么都要比他人优秀，所以对孩子表现出来的优点视而不见，对孩子的缺点却不依不饶。

妈妈这样的做法，只会让孩子丧失自信，更难达到妈妈的要求。

每位妈妈都要善于发现和放大孩子的优点，哪怕是一点点的进步，都要发自内心地去赞扬、鼓励和引导，这样孩子一定会变得越来越优秀。

【给妈妈的教子妙方】

>> 建议一：要真心地爱孩子

妈妈只有真正地爱孩子，才会赏识孩子；只有爱孩子，才会重视他们的优

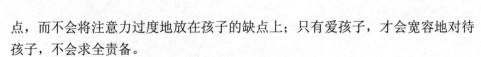

点，而不会将注意力过度地放在孩子的缺点上；只有爱孩子，才会宽容地对待孩子，不会求全责备。

孩子做事的目的，往往是为了得到妈妈的赏识，而妈妈常常容易忽略孩子的这种心理，用批评和责备打击孩子的热情。

爱孩子的妈妈，就要全面地看待自己的孩子，让孩子的优点更突出，缺点和不足转化为特点和优点，这才是真正爱孩子的表现。

▶▶ 建议二：要善于发现孩子的闪光点

罗丹说："生活中不是缺少美，而是缺少发现美的眼睛。"孩子需要妈妈去发现、欣赏他们的闪光点。

对孩子的缺点和错误的行为，妈妈不应该表现出失望和愤怒。尺有所短，寸有所长，妈妈要辩证地看待孩子的行为，善于发现他们的闪光点。

著名作家大仲马小时候学习成绩很不好，他请求父亲的朋友，希望自己能够到他任教的班就读。

父亲的朋友问："对于数学你精通吗？"大仲马摇摇头。"物理、化学怎么样？"大仲马还是摇摇头。"经济学？"他沉默。

父亲的朋友接二连三地发问，大仲马窘迫地垂下了头，他觉得自己连丝毫的优点也找不出来。

"那好吧，你把名字留下来，我会尽快把结果告诉你。"大仲马羞愧地写下了自己的名字。他离去的时候，却被父亲的朋友一把拉住了："孩子，你的字写得很漂亮，这也是你的优点啊。"

大仲马没有想到把自己的名字写得漂亮也算一个优点，他在老师的眼里看到了肯定的答案。他想，那我就把所有的字写好看，也应该用好看的字写出好文章来。

受到鼓励的他，一点点放大自己的优点。后来，他写出了名扬天下的经典作品。

事实上，每个孩子都有一些 "能写好自己名字"一类的优点，但是，妈妈往往忽略了，更谈不上放大。

妈妈必须知道，每一个平凡的孩子，都蕴藏着很大的潜力，所以要放大孩子的闪光点，给予孩子赞美，这会帮孩子发掘并发挥出自己的潜能。

》》 建议三：用放大镜看孩子的闪光点

妈妈在找到了孩子的优点后，就要用放大镜看孩子的优点和长处。这样能够帮助他们找回自信，受到更多的激励，满足孩子深层的心理需求，成为孩子进步的动力。

》》 建议四：赏识要讲究科学的方法

妈妈在夸奖孩子时，态度应该中肯、适度，尊重事实，不随意夸大或缩小，要让孩子明白自己为什么会受到夸奖。

同时，妈妈在夸奖时，还要注意时间、场合，根据不同的情境，选择当面表扬或者暗示等方法。这些都是妈妈应该注意的问题。

培养优势，增强孩子的自信心

【教子现场】

刘洋因为先天性的腿部残疾，很没自信。

但是妈妈发现他对小提琴很感兴趣，为了培养孩子的信心，她十分注意激发孩子学小提琴的兴趣。妈妈故意在刘洋面前拉小提琴，让孩子产生了想要学琴的愿望。

尽管如此，妈妈并没有急于满足孩子的愿望，而是给了他一把不出声的小提琴，让他练习拉琴的姿势和简单的指法等。

过了一段时间，孩子想拉琴的愿望越来越强烈了，这时，妈妈才予以满足。在学琴的过程中，刘洋也变得自信多了。

【案例解析】

每位妈妈都是孩子未来成功的推手，关键在于妈妈能否发现孩子的优势，并帮助其发掘和强化。

孩子的优势不是天生的，而是妈妈培养出来的。孩子在发展自己的优势时，可以从中获得自信，也就能够以积极的心态面对激烈的竞争。

现代社会，孩子要想成材，光靠课程学习是不够的，需要自己的一技之长。琴棋书画，样样精通，是古代文人的最高标准，虽然现在不再那么重视对孩子琴棋书画的要求，但妈妈还是希望孩子能够具有一定的优势和特长。因为孩子在这方面有特长和优势，将来就有可能成为这个领域内出类拔萃的人。

所以，在孩子小的时候，妈妈根据孩子的自身条件，培养一些专长和优势是很有必要的，尤其像是在美术、音乐等方面的优势和特长，更需要从小着手培养。

孩子最初的自信，多数来自在自己擅长的方面取得的成功体验。

妈妈是和孩子相处时间最久、最了解孩子的人。妈妈要关注孩子的一举一动，了解孩子对什么感兴趣，擅长做什么，这样就能在生活中发现孩子的强项和优势。

妈妈培养孩子优势的目的，不是简单地让孩子具备应对竞争的能力，而是要在这个过程中，激发他们的自信及其他弱项的潜能。

妈妈要在尊重孩子的基础上循循善诱，将孩子看作一个独立的个体，根据孩子的自身爱好和条件，引导孩子发挥自己的优势，而不要把自己的想法强加在孩子身上。

孩子的自我约束能力差，可能会出现半途而废的情况，这就需要妈妈的耐心引导和监督，鼓励孩子将优势持续下去，使孩子在成长的道路上不断地获得信心。

孩子具有优势，那么他所获得的自信就不是盲目的，也就能在竞争中游刃有余、有所建树。这是妈妈希望看到的教育效果。

【给妈妈的教子妙方】

≫ 建议一：营造氛围，激发孩子的优势

鲁迅说，读书人家的孩子熟悉笔墨，木匠的孩子会玩斧凿，兵家儿早识刀枪。这说明了家庭对孩子潜移默化的影响。

鲁迅小时候的家庭环境，具有良好的文学氛围。他从小就接触了很多书，为他走上文学创作之路打下了基础。由此可见，家庭氛围对培养孩子优势的重要性。

如果发现孩子喜欢读书，妈妈就要多带孩子去书店、图书馆，多读报刊、

书籍；如果孩子对弹琴、美术感兴趣，妈妈就要努力营造艺术的氛围，激发起孩子的热爱。

这是培养孩子优势的准备阶段，妈妈不可忽略。

➤➤ 建议二：从各个方面寻找孩子的优势

每个孩子都会有自己先天的优势潜质，他们会本能地凭借这种优势获得良好的心理满足，并将这种满足感转化为今后做事的自信。

但是孩子因为自身的不成熟和人生的阅历不足，常常会忽略自己的优势，这就需要妈妈从各个方面帮助孩子寻找优势。

妈妈不要局限于孩子的成绩或是在家里的表现，要在孩子的一举一动中捕捉孩子的优势，从孩子的言行中发现他的强项。

➤➤ 建议三：根据孩子的特点去发展他的优势

妈妈要做的是了解孩子、理解孩子，根据孩子的个性和特点因势利导，在保证孩子身心健康成长的前提下，鼓励孩子发展优势，从中培养出自信。

吴雷最近一次考试成绩不理想，老师严厉地批评了他。他心情很低落，又不知道该如何排解情绪，在一群伙伴的怂恿下，他走进了网吧，并且接连几天都没有回家。

妈妈很着急，但是害怕此时教育会不起作用。

妈妈突然记起吴雷喜欢打乒乓球，小学时还参加过特长班，于是就带着他去体育馆打球。吴雷在和他人打球的过程中找到了自信，情绪重新调整过来了。

帮助孩子在优势中找到自信，是妈妈的责任。孩子在课余时间根据自己的兴趣选择一两项特长，既增强了自己某些方面的能力，又陶冶了性情，培养了自信。

>> **建议四：用关心和鼓励巩固孩子的优势**

孩子在发展自己的优势的过程中，妈妈不要求全责备，要善于表扬和鼓励孩子，保护和激发孩子的兴趣。

如果孩子喜欢画画，并且将墙壁弄得脏乱，妈妈千万不要打骂孩子，应该给予孩子积极性的评价，挖掘孩子在这方面的特长，增强孩子的自信心，才能达到最初的教育目的。

妈妈的关心和激励，会渗入孩子的心灵，成为培养孩子优势和增强孩子信心的催化剂。

孩子从产生兴趣，到形成自己的爱好，发展成一定的特长，直至成为自己的优势，是一个过程，妈妈不可急于求成，要耐心地关心和鼓励孩子，使孩子具备更多的竞争力。

积极暗示，让孩子的自信隐形增加

【教子现场】

俊伟进入初中后，感到学习越来越吃力，对自己也越来越不自信。为了重新鼓舞起他的信心，激发他的潜能，妈妈有意识地强调，他是非常有潜力的。

数学一直都是他最头疼的学科，而语文和英语成绩还不错。妈妈就对他说："妈妈相信你的数学成绩会赶超语文和英语。妈妈相信你会更优秀。"

俊伟在妈妈的语言暗示下，鼓起了学习数学的信心。

【案例解析】

妈妈积极的暗示，会对孩子的心智方面产生积极的影响，是孩子健康成长的关键。

积极的暗示会调动孩子的积极情绪，帮助孩子获得自信心，对未来充满信心，就会消除阻碍孩子成长的消极因素，进而形成优秀的品质和良好的品德。

对妈妈来说，孩子一时的不优秀并不可怕，可怕的是孩子对自己和未来缺乏信心。针对这样的情况，如果妈妈给予孩子积极的暗示，就会帮助孩子重新获得自信，取得进步。

积极暗示，就是通过妈妈的语言、动作、表情、行为榜样等手段和方法，给孩子以正面的影响和激励，让孩子在不知不觉中受到教育。

一项调查显示，几乎 90%在品质、意识和智力方面有杰出表现的人，在自己的童年或少年时期，都受到过来自亲人的积极的暗示，最多的是来自妈妈。

在现实生活中，妈妈会有意无意地给孩子一些暗示，这些暗示会对孩子的生活、学习以及今后的事业起到不可低估的影响。

积极的暗示，可以促进孩子的健康成长，培养孩子优秀的品格；而消极的暗示，则会腐蚀孩子的心灵，阻碍孩子的成长。

"罗森塔尔效应" 就是运用积极暗示，这种暗示，使本来并不优秀的孩子达到了预期的优秀。实践证明，这是一种非常有效的教育方式。

所以，妈妈要给孩子积极的暗示，避免给予孩子消极的暗示。

妈妈要有意识地、持之以恒地对孩子进行积极的暗示。妈妈的暗示会在潜移默化之中影响孩子，带给孩子积极的认识和体验。

【给妈妈的教子妙方】

≫ 建议一：认识到暗示对孩子的重大意义

妈妈要认识到，不同的暗示对孩子的发展所起的作用是不同的。

积极的暗示对于孩子来说，进行得越早，效果就越明显，所以妈妈要尽早地对孩子进行积极暗示。

妈妈充满爱的积极的暗示，因为没有功利性而显得真实，作用会更持久。

≫ 建议二：积极的暗示中要充满爱

充满爱的妈妈，才会经常地使用积极的暗示。妈妈要发现孩子的优点和取

得的进步，宽容孩子的错误和缺点，让孩子更加健康地成长。

肖宁的英语成绩一直不好，久而久之，他心理上就产生了自暴自弃的想法，这导致他的英语成绩更差了。

妈妈看在眼里，急在心里。她在一本书上看到了积极暗示的教育方式，就试着实践一下。

她对肖宁说："妈妈相信你是知道英语的重要性的，妈妈也知道你现在还没有用尽自己的全力，妈妈相信你会学好它的。"

在妈妈的积极暗示下，肖宁的英语成绩有了很大的起色。

妈妈的爱表现在发现孩子某方面的潜能时，一句简单的"你真聪明"；也体现在对孩子优秀性格的敏锐捕捉，"孩子小小年纪就懂得和他人分享自己的玩具"；还表现在对孩子成绩的赞美，"我们家孩子真是争气，那么有难度的题目都可以攻克"。

》》 建议三：正确运用积极的语言暗示

语言有着暗示的力量。妈妈教育孩子时，不一定非要直白地说，有时通过打比方、讲故事、做游戏等启发孩子，也能达到教育的目的。

在发现孩子犯错误时，妈妈可以采用对比的方式，给孩子树立正确的榜样，但要避免伤害孩子的自尊心和自信心。

邓松一直是班上的体育委员，尤其擅长长跑。在最近的一次运动会上，他竟然连名次都没有拿到，为此他对自己很失望。

妈妈看到闷闷不乐的邓松，说道："妈妈知道你失利是有原因的，可能是你没有做好准备活动或者心态不好。妈妈相信你在下次的比赛中会有好的成绩的。"

邓松的心情顿时好了很多。

孩子一般喜欢争强好胜，妈妈可以用暗示性的语言激起孩子的好胜心，往往能起到事半功倍的效果。

但是在运用语言的时候妈妈要注意分寸，不要流露出对孩子的失望情绪，要将自己的信心传达给孩子。

》》 建议四：重视积极的非语言暗示

妈妈的神态表情、行为举止等非语言暗示，也能起到很好的教育效果。当孩子独立完成一件事情时，妈妈可以给孩子赞赏的眼神；当孩子遭遇挫折和困难时，妈妈要给孩子一个拥抱，帮助孩子重新鼓起勇气。

非语言暗示如果运用得恰当，对于培养孩子规范的举止、优良的品质、良好的行为习惯具有很重要的意义。

培养阳光心态，引导孩子的自信

【教子现场】

秦丹小时候因为生了场大病，造成了口吃的毛病。也正是因为这个原因，他很胆怯，甚至不敢在外人面前说话，虽然他的口吃并不是很严重。

他的理想是想当一位演讲家或主持人，但是因为口吃，他很少和他人交流，怕身边的人嘲笑他。久而久之，他的口吃越来越严重。

一次，秦丹有些悲伤地对妈妈说："妈妈，我很想成为一名主持人，可是我口吃，我想，我肯定成不了主持人了。"

妈妈微笑着对他说："永远不要对自己说'不行'，要对自己说'我能行'。"

秦丹在妈妈的启发下，每次困难的时候都对自己说"我能行"，勤学苦练，终于考入了北京广播学院。

【案例解析】

阳光心态主要是指孩子舍我其谁的自信。培养孩子具有阳光心态，他们才会热爱生活，积极自信地面对人生。

妈妈应该关注孩子的心理健康状况，采取相应的措施，对孩子进行心理健康教育，促使其健全人格的发展，帮助孩子形成乐观开朗、积极进取的阳光心态。

有关资料显示，我国每年至少有 25 万人自杀，其中青少年是高危人群，而且心理问题越来越低龄化。抑郁、不自信的消极情绪在中小学生中普遍存在。

任何一种性格、心态的形成，都不是一朝一夕的工夫，而是很多行为不断强化的结果。

家庭是孩子心态形成的第一个环境，妈妈是孩子行为塑造的第一任老师。

如果孩子每天看到的是不思进取的妈妈，孩子学到的便是消极；如果孩子每天看到的是乐观的妈妈，孩子学到的便是积极。

在家庭环境中形成的行为习惯和思维方式，会渐渐演变成孩子日后的性格，也会对孩子的未来产生巨大的影响。

【给妈妈的教子妙方】

▶▶ 建议一：帮助孩子建立积极的价值观

在竞争激励的今天，很多孩子都承受着很大的压力，在压力面前也越来越不自信，拥有的自信和快乐也越来越少，这是心态出现了问题。

妈妈要塑造孩子阳光的心态，才能使孩子获得健康的人生。

许多残疾人身上都有自卑的情绪存在。张海迪也曾因为自己的残疾、身上的疾病而自卑过，但她清楚自己的方向在哪里，所以无论遇到什么困难，她都凭借自己的自信坚持了下去。我们看到的是一个积极、乐观、坚韧的张海迪。

很多没有残疾的孩子，却会为不顺心的事沮丧、自卑，是因为他们没有树立积极的价值观，对自己毫无信心，禁锢了自己的梦想。孩子应该学习张海迪，自信地面对逆境。

积极的价值观，对孩子的发展有很重要的作用。它能使孩子拥有阳光般的心态，拨开人生路上的迷雾，指引孩子走向成功。

▶▶ 建议二：教育孩子改变对事情的态度

面对孩子改变不了的事情，妈妈要教育孩子改变对事情的态度。孩子对事情的态度，比事情本身更重要，能够阻碍孩子的，往往不是改变不了的事情本身，而是孩子对事情的态度。

孩子改变了对待事情的态度，就会有奋发向上的自信和激情，事情的结果很可能会因此改变。

孩子改变了对困难和挫折的看法，处境就会改变。

心态能够影响孩子能力的施展，从而影响孩子的命运。孩子的人生质量取决于心态。如果能够保持阳光般的心态，自信地面对生活，就会获得非凡的人生。

建议三：教育孩子学会情感独立

教育孩子学会情感独立，就是不要把自己的情感来源建立在别人对自己的看法上，只有自己才能把握自己。

要自觉地放弃对自己缺乏信心的态度，相信自己可以做得更好，而不要过多地在乎外界的看法，只有这样才会拥有阳光般的心态。

一次，苏东坡和禅师佛印逛庙，发现庙里的观音菩萨手里也拿着念珠。苏东坡问："人持念珠念观音，观音持念珠念谁？"佛印回答："还念观音。"苏东坡又问："为什么观音还念观音呢？"

佛印的回答是："求人不如求己。"

孩子要想让自己内心状态良好，就要学会情感独立。不自信是一种不健康的心态，孩子企图依靠妈妈或者他人的帮助都是无用的，只有内化为自己的情感，才会变得自信。

建议四：让孩子在服务于他人中获得自信

孩子的价值要通过对他人的帮助来体现。孩子被他人需要，会让孩子体会到愉悦，这种愉悦会帮助孩子树立起自信。这也是培养孩子阳光心态的主要途径。

妈妈要教育孩子尽自己的力量帮助身边需要帮助的人，尽管孩子的力量在他人眼里是微不足道的，但是当接受帮助的人一句诚恳的"谢谢"，会使他的自信油然而生。

在这样的自信中，孩子会树立自己的人生志向，创造非凡的人生。

用成功不断强化孩子的自信

【教子现场】

李渊最初是个很不自信的孩子。他小学时成绩不理想，是老师眼里的差生。但是在学校组织的一次活动中，他刷了一百个瓶子，打破了之前的记录，这让他从中获得了自信。

凭借着这份自信，后来他考取了省里最好的大学。

在向别人介绍经验时，他说："我原来一直是没有自信心的，但是刷瓶子这件事给了我极大的自信。这是我一生中最快乐的体验，它是一种激励自己的力量，并且一直持续到今天。我发现了天才的全部秘密，那就是：要相信自己。"

【案例解析】

自信和成功有很大的关系。拉尔夫·沃尔多·爱默生说："自信是成功的第一要诀。"成功的道路有很多，但是首要的是要自信。

自信的孩子敢于尝试新的领域，能更好地发挥自己的潜能，也就能够更容易获得成功。而成功给孩子带来愉悦的情感体验，会更强化孩子的自信。

自信和成功一直都有着密切的联系。孩子自信，才会充分发挥他的积极性，抓住机会获得成功，即使失败，也会有勇气面对下一次的挑战。

许多孩子一事无成，往往不是因为没有能力，而是他们低估了自己的能力，妄自菲薄，从而没有取得成功。

缺乏自信的孩子也不会赢得他人的信任，自然谈不上成功了。

每个孩子都希望自己可以成功，但是成功是来之不易的，很多人往往还没有成功，就被自卑磨灭了意志力。

成功除需要客观条件外，还需要孩子具备良好的心理素质。妈妈要让孩子拥有良好的自信，使孩子在任何环境中都可以取得成功。

孩子取得成功，会受到周围人的夸奖和赞美，孩子得到了尊重和重视，会认可自己的价值和存在意义，从而激励孩子更加积极进取，争取更大的成功。

在生活和学习中表现优秀的孩子，一般都具有十足的自信心；而时常遭遇失败的孩子，几乎都缺乏自信心。

成功的体验会提升孩子的自信。当孩子感到自信时，无论多么小的成功，他都会期望再一次得到自己或别人的肯定，从而督促自己不断地努力，直到下一个成功。

【给妈妈的教子妙方】

>> 建议一：让孩子了解成功和自信的关系

告诉孩子，成功和自信是相互促进的关系。自信会帮助孩子成功，成功也会极大地促进孩子获得更多的自信，并取得更大的成功。

自信是自己相信自己的一种积极的情绪体验，这种情绪能够帮助孩子成功。成功的人意识到了自信的力量，并用自信的力量帮助自己去开拓新的局面。

成功，也是孩子进步的动力，孩子会在成功中看到自己的能力和潜力，变得更加自信。

妈妈要让孩子认识到成功和自信的关系，自觉地树立起自信，在自信的光环里取得下一个成功，孩子也能拥有更加成功的人生。

▶▶ 建议二：让孩子体验成功的快乐

很多孩子不自信，是因为在生活中缺少成功的机会和体验。明智的妈妈应该在生活中为孩子制造成功的机会，给孩子成功的感觉，哪怕只是小小的成功。

豪豪性格内向，对妈妈很依赖，妈妈不在身边，他就不知道自己该怎么做。妈妈在一本书上看到了要用成功的体验，帮助孩子改变不自信的性格。

周末的时候，妈妈组织全家人一起做游戏，在做游戏的过程中，故意让孩子成功，并且适时地夸奖孩子。孩子在这样的家庭环境中，逐渐学会了自信地面对所有的事情。

任何微小的成功，都会增加孩子的自信。自信的孩子，会自发地奋斗，成绩会越来越好，从一次成功走向更大的成功。

作为妈妈，要给孩子帮助，让孩子有点滴的成功体验，并不是件很困难的事情。妈妈要制造机会，在一个个小成功中，积累孩子的自信。

▶▶ 建议三：平时要多表扬孩子

表扬作为良性的情感刺激，成为一种无形的力量，增加孩子的自信，促进孩子的发展。妈妈平时抓住教育孩子的契机，用成功进行正面引导是很重要的。

孩子如果能够经常得到妈妈的表扬，就会激发起他们的兴趣和进取心，也会信心倍增，增强自觉性，也就容易成功。

妈妈要善于发现孩子的进步和成功，进而向孩子表达自己的赏识和信任，孩子会将这种信任转化为内心的自我激励意识。

▶▶ 建议四：利用孩子特长强化自信

孩子在做自己擅长的事情时，会自信满满，也更容易成功。当孩子因为某件事做不好而失望忧郁时，妈妈可以让孩子转移注意力，做自己擅长的事情。

孩子在做自己擅长的事情的过程中，会累积积极的自信情绪，将这种自信运用到棘手的问题上，容易取得成功，成功之后又会强化孩子的自信。

妈妈要改变教育观念，鼓励孩子发展自己的特长，不要将眼光只放在孩子的成绩上。

培养孩子特长的过程，就是让孩子获得自信的途径。孩子对于自己擅长的领域，会付出更多的精力，成功也就唾手可得，自然会对自己有较高的评价和认可，自信也就树立起来了。

帮孩子摆脱自卑的困扰

【教子现场】

美国总统林肯，不仅是私生子，出生微贱，且面貌丑陋，言谈举止缺乏风度。

他对自己的这些缺陷十分敏感。为了补偿这些缺陷，他力求从教育方面来汲取力量，拼命自修以克服早期的知识贫乏和孤陋寡闻。

他在烛光、灯光、水光前读书，尽管眼眶越陷越深，但知识的营养对自身的缺陷做了全面补偿。

他最终摆脱了自卑，并成为有杰出贡献的美国总统。

【案例解析】

自卑是一种消极心态，也是一种性格缺陷，对孩子的心智有不好的影响。妈妈要从小事入手，给予孩子积极的鼓励，帮助孩子摆脱自卑的困扰。

自卑是指孩子在和他人进行比较时，因为低估了自己的能力和潜力，而产生的一种不良的情感体验。自卑会抑制孩子的智力和情感的发育，成为孩子进步的绊脚石。

被自卑情绪笼罩的孩子，一方面感到自己处处不如别人，另一方面又害怕别人瞧不起自己，长期下去，会逐渐形成敏感多疑、多愁善感、胆小孤僻等不良的性格。

自卑使孩子不敢主动与人交往，不敢在公共场合发言。因为自己认定自己不够优秀，所以遇到事情时会消极被动。

自卑不仅会使孩子的心理活动失去平衡，而且也会引起他们的生理发生变化，生理上的变化反过来又影响心理，加重孩子的自卑心理。

罗曼·罗兰说过，首先你要相信自己，然后别人才会相信你。

孩子如果失去自信，就会被颓废和绝望所困扰。在这种错误情绪的推动下，孩子很容易对现实抱以悲观的态度，不愿意努力去克服眼前的困难，从而难以取得成功。

自卑的孩子对现实存在不满情绪，他们把自己失败的原因归结为外在条件，认为无论怎么努力也不会改变现状，于是自暴自弃，注定会成为人生的失败者。

孩子的自卑情绪不是天生的，是在后天的经历中逐渐累积的。妈妈要在生活中着重培养孩子的自信，用自信战胜自卑带来的困扰。

【给妈妈的教子妙方】

>> 建议一：指导孩子客观地评价自己

使孩子拥有自信的前提，是让孩子客观地认识自己。一个孩子如果只看到自己的优点，必然导致他养成骄傲自满的性格；而如果只盯着自己的不足，也必然导致他养成自卑的性格。

过度骄傲自满必然会导致失败，而过度自卑又会使得孩子不敢去追求成功，根本没有成功的机会。所以，妈妈要教育孩子学会客观地认识自己。

董坚的学习成绩一直没有大的起色，为此他很自卑。他很喜欢画画，还在多次比赛中取得不错的名次，可这些荣誉并没有给他带来自信。

这次考试完，董坚的情绪很低落，妈妈便趁机告诉他，每个人都有长处和不足，重要的是要坦然面对，扬长避短，而不应该盲目自卑，要相信通过努力，会有所进步。

董坚在妈妈的鼓励下，决心好好总结，找到自己的问题，然后克服缺点，发挥自己的长处。

妈妈应该指导孩子正确地认识自己。如果孩子对自己没有信心，经常说一些泄气的话，妈妈应该鼓励他们，指导他们多看看自己的长处。

》》 建议二：用合适的目标帮助孩子摆脱自卑

有的孩子越来越自卑，和妈妈对他提出的过高要求有关。妈妈对孩子过高的期望值，会打击孩子的自信心；过低的期望值，又不足以激发孩子的潜能。

妈妈要用合适的目标来培植孩子的自信心，让孩子摆脱自卑的困扰。

周明今年上初一了，虽然学习中遇到了很多困难，但他对学习充满了兴趣。可是最近妈妈对他的态度，让他觉得学习是件很痛苦的事情，自信心也消失殆尽。

妈妈要求他初中毕业后必须考上最好的高中。

一天，周明有个难题拿着去问妈妈，妈妈却说："这么简单的问题，你还不会，不觉得丢人吗？别忘了我给你制订的目标啊。"

周明觉得自己太笨了，从此变得很自卑。

孩子达不到妈妈过高的目标时，妈妈就会不自觉地流露出对孩子失望的情绪，孩子就会对自己的能力产生怀疑，从心里动摇对自己的信心。

妈妈可以为孩子制订一个通过努力可以达到的目标，并在这个过程中不断给孩子鼓励，孩子就会建立起充分的自信。

》》 建议三：引导孩子进行积极的自我暗示

积极的自我暗示，是让孩子拥有乐观自信的有效方法，可以让孩子从内心摆脱自卑情绪的困扰。

每个孩子都会有自己的弱点，这是不可避免的，但是孩子的心态是可以改变的，这样孩子也会拥有自信的情绪。

妈妈应该鼓励孩子经常对自己说"我能行"，考试前可以说"这次考试我一定能拿高分"，平时可以说"我一定可以把数学学好"等。

当孩子说这些话时，他们的内心就会产生强大的力量，自卑自然就会消失得无影无踪。

》》 建议四：鼓励孩子正确面对批评

妈妈可以经常给自卑的孩子鼓励和表扬，但是孩子肯定会有犯错的时候，这时候他们可能会难以接受妈妈的批评，妈妈要鼓励自卑的孩子正确面对他人的批评。

当孩子受到批评的时候，妈妈要告诉孩子，最好的应对方式就是认识到自己的错误，然后积极改正。这使孩子不会因为批评而背上自卑的包袱，还会从内心接受自己。

别让孩子的自信变成自负

【教子现场】

　　丁海峰今年10岁，是班长，学习成绩一直都不错，这让他觉得飘飘然了，感到很自负。在他的眼里，自己永远都是对的。

　　一次考试完，老师批评丁海峰说，最近他的学习态度出了些问题，导致这次考试考得不理想。这下他可不干了，一点儿都不顾忌老师的面子，质问老师自己的学习态度怎么了？

　　妈妈知道这件事后，批评了他的行为，并严厉地分析了他的自负心态，让他意识到自己的缺点，并让他给老师打电话道了歉。

【案例解析】

　　适度的自信有利于孩子的成长，但是过度的自信就是自负，对孩子的成长有害。

　　自负源于不能正确地认识自我，不切实际地高估自己，只看到自己的长处，看不到自己的短处。这样的孩子在面对挫折时，容易一蹶不振，同时还容易丧失进取心。

　　自负的孩子虽然能够取得一定的成绩，但是往往缺少远大的理想和志向，只满足于自己的现状，从而出现"坐井观天"的情况，只看到自己的优点，却看不到别人的长处。

　　自负的孩子很难和他人相处。因为在人际交往中，自负的孩子往往盛气凌人，导致他人产生反感与厌恶。

　　妈妈对孩子的娇惯和溺爱，容易使他们产生唯我独尊的优越感，产生"自己是最好的"的错觉，由此而产生自负。这是一种不健康的心理现象。

　　在孩子的成长过程中，自信是不可少的，自负是要不得的。

　　自信来源于内在的肯定，而自负来源于外在的评价。自信的孩子能够正确地认识自己的不足，虚心接受别人的意见，而自负的孩子则无视自己的缺点，难以改正错误。

自信是自己拥有某种能力而表现出来的自豪，自负是内在空洞，害怕别人嘲笑或者看穿而表现出来的骄傲。

孩子客观地评价自己，才能找到自己合适的位置，了解自己的优势和劣势，在今后的生活和学习中才能做到扬长避短，发挥自己最大的潜能，获得更大的发展空间。

妈妈要教育孩子学会辨别自信和自负，正确地区分自己的行为是自信还是自负，找到属于自己的位置，不盲目自信，走出自负的"泥沼"。

【给妈妈的教子妙方】

➤➤ 建议一：妈妈不要表现出骄傲

妈妈时刻影响着孩子，孩子会以妈妈的价值观和处事态度，来作为自己的人生态度。

所以，妈妈应该成为孩子的榜样，要做到谦虚友善，不要在孩子面前表现出骄傲情绪，以免孩子受到不良影响，也不要让家庭成为孩子自负的温室。

➤➤ 建议二：表扬孩子要适当

孩子如果过高地估计了自己，认为自己比谁都强，只看到自己的长处，看不到自己的短处，常拿自己的长处与他人的短处比较，就是一种自负的心理。

教育这样的孩子时，妈妈不要对孩子一味地夸奖，在表扬孩子时，要就事论事，尽量做到分寸适当，可以对孩子进行语言奖励，也可以给孩子一个微笑或拥抱。

妈妈要让孩子学会正确地评价自己，既要认识到自己的优点，同时又要看到自己的缺点，这样才会预防孩子产生骄傲自大的情绪。

➤➤ 建议三：教孩子虚心接受意见

"旁观者清，当局者迷"，往往他人的意见是最具针对性的建议。虚心接受别人的意见，不仅是对别人的尊重，也是自我良好修养的体现。

所以，妈妈要教育孩子学会虚心地接受别人的意见，自觉地丢弃自负的坏习惯。

李明是班里有名的数学小天才，一般同学们不会做的题目他都会做，可是他并没有丝毫骄傲的情绪。

一天，他的同桌碰到棘手的问题向他请教，他发现这确实是道难解的题目。他和同桌说着思路，同桌突然大声地说："老师讲过这个定理是不能直接用的，你怎么忘了啊？"

这会儿班里同学也都在呢。同学们以为李明会生气的，可是他却说："是啊，我怎么能忘呢，多亏你提醒。"

这下同学们更佩服他了。

妈妈要教育孩子摆正心态，做心胸开阔、谦虚好学、自信却不自负的孩子。孩子只有虚心接纳别人的意见，才能做到客观地认识自己，对自身的缺点才能有所改正。

>>> 建议四：以精神奖励为主

给孩子过多的物质奖励，会将他们的注意力转向物质因素，同时会产生高傲自大、不思进取的心态，所以妈妈要防止孩子被过多的物质奖励所包围。

虽然适当的物质满足感有助于提高孩子的自信，但是过度就会对孩子的发展起到相反的作用。因此，妈妈在试图帮助孩子的过程中，要本着以精神鼓励为主，物质奖励为辅的原则。

第五章

锻炼和提高孩子的心理承受能力

现代社会的竞争越来越激烈，生存压力也越来越大，只有能够承受得住失败、挫折和压力的人才能顺利适应这个社会，争取到个人发展的空间。

孩子的心理承受能力是他们学习和生活必备的能力。没有一定的心理承受能力，孩子难以取得优异的学习成绩，也难以取得成功。父母在早期教育中应该努力提高孩子的心理承受能力。

较强的心理承受力让孩子更优秀

【教子现场】

　　郭松是个意志力坚定的孩子，他的这个特点让他在学习和工作上都游刃有余，得到老师和同学的赞赏和佩服。这得益于他妈妈从小对他这方面的培养。

　　小时候，郭松也是个爱睡懒觉、爱玩闹的孩子，妈妈就温和而坚决地告诉他，每个人都要为自己负责，要承担起自己行为的后果。

　　妈妈说，如果你想不迟到、不被老师批评，就必须按时起床；如果你想了解世界的秘密，就必须认真听课、写作业，这样既能获得知识，也能受到他人的尊重。

　　当然，最初小郭松并没有真正明白妈妈这番话的含义。但妈妈是个说到做到的人，说好了不再喊他起床，就真的不喊。郭松尝到了自己行为的后果，就再也不敢懒散了。

　　他渐渐养成了良好的习惯，也渐渐意识到了妈妈的苦心。现在，他已经是个自觉的行动者，一旦有了好的想法，就付诸实施，而不是只会空想。

【案例解析】

　　孩子的性格和他的生活、学习和工作都有很大的关系，坚强的意志可以征服孩子人生道路上的艰难险阻，可以帮助孩子更接近成功。而意志薄弱的孩子是难以取得成功的。

　　坚强的意志是孩子为了取得成功，不断调整自己的行动，克服困难，最终达到成功的心理过程，对于孩子的成长和成材有着重大的作用。

　　许多成功人士，都是在最简单的事情上做到坚持，具有坚强的意志力，不断地克服困难，才最终达到高水平，取得成绩。

　　现在的孩子多是独生子，妈妈溺爱孩子，只重视孩子的学习，却忽视了孩子性格、品质的培养，所以，如今孩子缺乏意志力的现象很普遍。他们不能很好地控制自己的情绪和行为，做事容易被无关的因素干扰。在机会面前畏惧退缩、半途而废，也就与成功无缘了。

良好的意志力不是与生俱来的，而是在后天培养中逐渐形成的。孩子的可塑性较强，妈妈可以对孩子进行教育，在教育和疏导过程中，促进孩子形成坚强的意志，从而帮助孩子获得成功。

妈妈要给孩子自己动手的机会，让孩子自己去面对各种生活和学习中的问题，还应该为孩子制造善意的挫折，以此磨炼孩子的意志力，为孩子的成功增加砝码。

同时，妈妈在培养孩子坚强意志力的过程中，要重视培养孩子的自制力，帮助孩子抵制来自各方面的压力和欲望。

坚强的意志力对孩子的健康成长非常重要，妈妈要在生活中有意识地培养孩子具备坚强的意志力。

【给妈妈的教子妙方】

▶▶ 建议一：培养孩子意志力的必要性

坚强的意志力是孩子战胜一切困难的重要基石。意志力薄弱的孩子遇事优柔寡断，难下决心，碰到困难不能坚持，只想退缩和逃避。

妈妈要意识到培养孩子意志力的重要性，在日常生活中注意对孩子这方面的培养。

刘超平时很怕吃苦，在家里妈妈也不让他干什么活。

每次班上举行 800 米测试，他就很痛苦。因为他只跑一圈就坚持不下来了，非得停下来。全班每次就他一个人不能及格，老师对他的体育成绩很担忧。

生活中，刘超做事也难以善始善终，很难将一件事情做得完美。

在现实中，很多孩子意志力不够坚强，遇到困难往往会选择退缩，这种性格缺陷会影响孩子的学习和今后的发展。因此，妈妈要加强对孩子的培养和锻炼。

▶▶ 建议二：减少对孩子的溺爱

坚强的意志力是孩子将来事业成功不可缺少的条件之一，但是很多妈妈对孩子一味溺爱，替孩子做好所有的事情，从而减少了孩子成功的机会。

妈妈要让孩子学会独立地生活，减少对妈妈的依赖，要有意识地对孩子提出一些他们可以达到的要求。只要妈妈有针对性地进行培养，孩子就会逐步形成坚强的意志力。

>> 建议三：从小事磨炼孩子的意志力

从小事入手，持之以恒，是磨炼孩子意志力的起点。许多在事业上取得成绩的人，都是拥有坚强意志的人，他们也大都曾通过小事来磨炼自己的意志力。

周勇今年以优异的成绩考入了理想的大学。

以前，他是个意志力薄弱的孩子。上学后，妈妈认识到需要培养孩子的意志力，就注意这方面的机会。

一天，隔壁阿姨送了周勇一张电影票，电影里有他最喜欢的演员。可是那天老师布置的作业很多，他很纠结。

妈妈告诉他，一个人应该明白什么是重要的、什么是次要的。并且说："如果你能自觉做到做不完作业不看电影，周末妈妈就带你去看大片。"

在妈妈的"恩威并施"下，经过一段时间的培养，周勇养成了很强的自制力。

妈妈培养孩子拥有坚强的意志力，不是一朝一夕的事，需要持之以恒。妈妈要善于通过生活中的小事，不断磨炼孩子的意志力，让孩子与成功亲密接触。

>> 建议四：引导孩子"和自己作对"

妈妈要引导孩子学会"和自己作对"，教育孩子明确自己前进的目标，并为了目标的实现制订计划，付出努力，用这样的方式克服薄弱的意志力。

杨星最近在练俯卧撑，刚开始他只能做八个，坚持做了三天，发现自己可以做九个了。

他每天坚持练习，每三天就能增加一个。当到了一天能做四十个的时候，他觉得已经到自己的极限了，怎么也不能再增加了。

但是他觉得要"和自己做对"，寻找了其他增强手臂力量的训练方式，从各个方面来提升自己手臂的力量。

在他的努力下，他的俯卧撑数量又上升了。在不断的自我超越中，杨星磨炼出了坚强的意志力。

做任何事情，最大的敌人都是自己。妈妈让孩子学会"和自己作对"，不断地超越自我，才能够不断地取得进步。

坚定孩子信念，勇敢面对困难

【教子现场】

　　贝多芬是德国最著名的音乐家之一。他一生坎坷，却用坚定的信念，奏响了自己的《命运交响曲》。

　　他17岁时患上了天花和伤寒，随后又得了很多疾病，26岁时开始耳聋，这对于搞音乐创作的他来说，是致命的打击。

　　他的爱情也屡次受挫。可正是这些困难和不幸，成了他灵感的源泉。

　　贝多芬凭借坚定的自我信念和对梦想的执著追求，勇敢地面对生活的挑战，并在自己喜欢的领域内取得了巨大的成功。

【案例解析】

　　自我信念是对自己能力的信任，以及能够将自己的能力发挥到极致的信心和勇气。自我信念是孩子积极的心理素质。

　　有坚定信念的孩子，能够勇敢地面对困难和挫折，这是实现自己理想的根本保证。

　　孩子有自己的梦想，并且会为之尝试和努力，然而不可避免地会碰壁，这时候就需要孩子坚定自我信念，努力实现自己的梦想。

孩子在不断克服困难的过程中，不仅会积累人生经验，还可以获得勇气。正是这种勇气，使他们有足够的能力，面对今后生活中的困难。

人生就是一个不断遇到困难、克服困难的过程，只要孩子具有坚定的信念，就能勇敢地面对生活中的各种困难，以高涨的积极性迎接下次挑战，最终实现自己的理想。

可是，很多妈妈宁可自己受苦受难，也不忍心让孩子吃苦，在这样的环境中成长起来的孩子，普遍缺乏勇敢精神，这对孩子将来走向社会是不利的。

妈妈要适度放手，让孩子自己经历一些磨难，鼓励孩子在战胜困难的过程中，积累人生经验，踏实地走好迈向理想的每一步。

对于孩子来说，生活中的挫折和困难，是他们的人生财富。孩子的成长不可能一路坦途，出现挫折和困难是正常的，妈妈不可能做孩子一辈子的保护伞。妈妈要做的是，帮助孩子树立坚定的信念，教会孩子克服困难的方法，从而让孩子在风雨的洗礼中变得坚强、勇敢。

【给妈妈的教子妙方】

≫ 建议一：妈妈要有坦然的心态

孩子的成长过程，本身就是一个不断地遇到困难、克服困难的过程。对于类似于摔倒、磕碰的小意外，妈妈应当把它们当做孩子生活中很自然的事情去看待。只有这样，孩子才会弱化对困难的恐惧，才会在困难面前坚定信念，勇敢地面对。

妈妈在遇到困难时，不要在孩子面前表现出紧张，也不要逃避困难，而应该以积极的态度去面对。因为妈妈的一言一行都会影响到孩子，妈妈淡然处之，孩子就会勇敢地面对困难。

≫ 建议二：培养孩子的抗挫折能力

当孩子面对困难或遭受挫折时，妈妈不要一味地包办，更不能埋怨。正确的方法是在孩子身边给他们安全感，同时鼓励孩子积极尝试，寻找战胜困难的途径，必要时可以给予指导。

为了提高孩子的抗挫折能力，妈妈要注意为孩子设置难度不同的情境，让孩子逐步接受磨炼。

例如：可以让惧怕黑暗的孩子晚上出去买东西；多和孩子出去探险；可以和孩子一起参加游戏，在游戏中加入一些具有碰撞性的活动，让孩子在活动中学会克服困难。

在上述情境下，孩子会不知不觉地变得勇敢起来。

在培养孩子勇敢的同时，妈妈还要教给孩子学会判断危险的程度，学会避免危险，又不能让他产生恐惧心理。

》》建议三：增强孩子战胜困难的信心

妈妈要善于利用孩子同伴的良好行为，利用榜样的力量，培养孩子勇敢面对困难的信心。

孩子不敢在大人面前表演唱歌，当他犹豫不决时，妈妈可以对他说："夏明是个勇敢的孩子，他都敢在外人面前唱歌，我相信你也可以做到的。"注意要用平等的语气。

邓豪是个很胆小的孩子，从来不敢做自己没有遇到过的事情，包括一些很简单的游戏。

妈妈觉得这样下去对孩子的性格以及以后的发展不利，就在生活中刻意加强此类教育。

周末，妈妈带他去游乐园玩，想从简单的事情开始锻炼他。

妈妈带他去玩过山车，邓豪不肯去，妈妈就指着旁边一个比他小的孩子说："这位弟弟都敢去，你有什么好怕的呢？妈妈相信你没问题。"

邓豪看了看小孩子，冲妈妈点了点头。

在榜样的影响下，孩子就会树立信心，在一次次战胜困难之后，就会增加战胜困难的勇气，这时妈妈的一句"你真行"，也就变成了孩子心理上的"我真行"。

》》建议四：适当的时候寻求必要的帮助

虽然提倡孩子自己面对困难，但是孩子也应该学会在危急情况下及时与妈妈联系，这对于他们来说是一件很自然的事情。

即便是有遇事不喜欢寻求帮助的孩子，也要让他们学会在适当的时候寻求

帮助。

当孩子确定在困难的时候可以获得妈妈的帮助，会让他们有安全感，在解决问题时也更有自信，勇敢的信念也就越来越强化了。

从小事做起，磨炼孩子的意志

【教子现场】

涵涵是家里的独生子，他既聪明又可爱，从小受到爷爷奶奶和父母的百般宠爱。可是随着他年龄的增加，妈妈发现他有娇气任性、做事不能坚持、自制力差等毛病。

妈妈觉得这样下去，会对他以后的人生造成很大的障碍。暑假期间，妈妈想到一个好主意：让涵涵去参加一个为期一周的暑期野外拓展训练营。

涵涵是个对新鲜事物很热衷的孩子，他高兴地答应妈妈去参加，想体验一下离开家，独自和别的伙伴相处的感觉。

可是，事情远没有他想象得那样简单。第一天的徒步旅行，就让他累得想趴下，到了目的地，还被要求自己动手做饭、洗衣等。他想念家里的温暖，但也不甘心就这样退出。

看着其他伙伴兴奋地在老师的指导下忙碌着，他强打精神参与进来。他发现，自己的生活能力太差了，什么都不会做。但老师并没有嘲笑他，而是耐心地指导和鼓励他。

度过了艰难的第一天，后来的几天，涵涵慢慢地适应了营地的要求，也学会了很多生活技能，更重要的是，他的意志力得到很大提高，也与伙伴们结下了深厚的友谊。

通过这次野外生存训练，涵涵像是一下子长大了。妈妈欣慰地笑了。

【案例解析】

古语说："自古雄才多磨难，从来纨绔少伟男。"因为安逸让人懒惰、平庸、玩物丧志、一事无成，而磨难让人奋发向上、才华闪耀、创造奇迹。

妈妈不可能一辈子在孩子身边保护他们，所以要从生活中的小事做起，磨炼孩子的意志，使孩子在磨难的洗礼中，获得人生真谛。

磨难是人生的财富。磨难对于有远大理想的孩子来说，是前进的台阶、是攀登的垫脚石，让孩子意志坚定、目标明确、斗志昂扬。

磨炼孩子的意志，可以从生活中的小事入手，如教育孩子遵守作息时间、按时完成作业、自己整理书包、收拾房间等。

磨炼孩子坚强的意志品质，要随着孩子的成长和进步，从小到大、从易到难、从低到高地设置标准，使他们逐渐形成坚强的意志。

现实生活中，不少妈妈对孩子实行的是"保姆式"的教育，包办孩子的衣食住行，以为这样就是爱孩子。

那些曾从困难中走来的妈妈，害怕孩子去吃二遍苦，希望孩子比她们幸福，就无限制地娇宠孩子，后果却是孩子的动手能力差，意志薄弱。

所以很多孩子表现出了任性、自立能力差、自制力差、抗挫能力差、对待事物没有稳定的兴趣以及做事不能持之以恒等不良的素质。

千里之行，始于足下。许多在事业上有所成就的人，都曾通过小事来磨炼自己的意志。妈妈要让孩子从小事做起，逐渐磨炼自己的坚强意志。

【给妈妈的教子妙方】

▶▶ 建议一：尊重孩子的独立意识

每个孩子都有自己的独立意识，这种意识是孩子独立人格的体现。孩子乐于自己去尝试、探索、经历生活中的风雨，并且不希望妈妈横加阻挠。

妈妈要尊重孩子的独立意识，不要过度保护孩子。因为对孩子的保护越多，孩子的独立性就越差，意志品质就越弱。

妈妈要尽量少干涉孩子的生活，放手给孩子适当的时间和空间，使孩子发挥出自己的潜能，并且在自己做事的过程中积累优秀的意志品质，为自己的人生增加成功的砝码。

▶▶ 建议二：让孩子自己做事

妈妈要减轻对孩子的溺爱，不要事事为孩子包办，给孩子自己动手的机会。当然，妈妈在孩子做事的过程中，要给予适当的指导，让孩子学会正确处理问题的方法。

孩子在自己做事的过程中，会遇到这样那样的困难，妈妈要鼓励孩子坚持下去，自觉地磨炼意志，培养孩子乐观、坚强、坦然、勇敢等优秀品质。

➤➤ 建议三：让孩子多参与家务劳动

从心理学的角度分析，孩子参与家务劳动，有利于其身心健康发展。

研究发现，不娇生惯养的孩子，在走向社会后，会主动选择需要付出很大努力和具有坚强意志才能完成的事情，从而取得更大的成功。

彭帅的妈妈是位很普通的工人，但她在生活中很重视对彭帅意志力的培养。她认为，孩子就应该多劳动、多吃点苦，这样才能学会勤恳、踏实、遇事不退缩的品质。

每个周六是家里的大扫除日，每个家庭成员都要参加。最初，彭帅不知道该怎么做，妈妈就示范他如何拖地、如何擦窗户，年幼的彭帅按照妈妈的讲解，跟着妈妈做。

彭帅在心里告诉自己：妈妈能做到的，我也能做到；别人能做到的，我也能做到。有困难就该去克服，不要有借口。

他把这种精神用在学习上，取得了很好的成绩。

在日常生活中，妈妈可以让孩子自己整理书籍、布置房间、倒垃圾，甚至提水、买菜等。这些家务劳动能锻炼孩子的能力和意志，让孩子全面发展。

➤➤ 建议四：让孩子进行体育锻炼

通过体育锻炼，孩子的身体会更加强壮，意志和品质也会更加坚定、勇敢。

居里夫人很重视对孩子意志和品质的培养。大女儿刚会站时，居里夫人就带她去河里洗澡。最初，孩子吓得大哭，但是锻炼了几次之后，她就喜欢上水了。

她还鼓励孩子学着勇敢。每天，她都会带着孩子步行很长的路，并做各项体育活动。她特意在花园装了只秋千，让孩子运动。

她还鼓励孩子学园艺、雕塑、烹饪和缝纫等，以此磨炼孩子的生活意志。

孩子参加体育锻炼，可以达到强身健体、培养生活意志的目标。这需要持之以恒。妈妈要引导孩子坚持不懈地开展体育锻炼，使之形成良好的意志和个性品质。

在竞争中锻炼孩子的意志力

【教子现场】

张南喜欢下围棋，父母也很支持他的这个爱好，爸爸还经常跟他对决"战场"。

可是爸爸发现，张南是个只能赢不能输的孩子。开始爸爸让着他，故意输给他。而张南每次赢了就兴高采烈，可偶尔输一次，就垂头丧气，情绪很消极。

爸爸语重心长地告诉张南："儿子，古人说'胜败乃兵家常事'，你跟别人下棋，不可能只赢不输，你一定要用平和的心态来下棋，这样你才能取得进步。"

妈妈给他请了一个围棋教练，平时让他看棋谱自练，使他在技术上不断提高，同时让他报名参加各种比赛，在不断的对垒中，练就自己笑对输赢的意志力。

经过一段时间的训练，张南的棋艺和意志力都有了长足的进步。

【案例解析】

孩子坚强的意志品质，是在成长过程中形成的较为稳定的心理素质，是在调动孩子的潜能、参与竞争和克服困难的过程中体现出来的。

竞争对孩子的成长非常重要，它可以帮助孩子开发潜能，接触到新鲜的人和事物，更好地融入社会，还可以帮助孩子养成坚强的意志品质。

妈妈要用赏识的眼光，鼓励孩子参与竞争，在竞争中提升自己的个性品质，获得成功，实现自己的理想。因为在充满竞争的时代，只有具备坚强意志的人，最终才会傲视群雄。

现在的孩子敢想敢干、精力充沛，有较强的竞争意识，但是普遍缺少吃苦耐劳的精神，生活自立能力差，处理问题的能力较差，情感脆弱，无法坦然地接受挫折和打击等。

这些孩子所缺乏的意志力，在某种程度上会阻碍孩子心理的健康发展，也会抑制孩子的智力发展，对他们的成长是不利的。

良好的意志品质在开放、竞争激烈的社会里更为重要。人们的竞争，其实是意志力的较量。只有具备良好的意志品质，孩子才会主动地迎接挑战，果敢地抓住成功的机会。

如果孩子能够认识到意志品质对于竞争的重要性，在生活和学习中，能够客观地审视自己的意志，正视自己在意志品质方面存在的缺陷，并且积极参与竞争，才能不断地磨炼意志品质。

情感也和意志密切相关。在积极情感下，孩子会形成勇敢、大胆、信心十足的意志；在消极情感下，孩子会变得委靡不振、心烦意乱。

妈妈要意识到坚强意志力的重要性，帮助孩子在竞争中培养坚强的意志力。

【给妈妈的教子妙方】

▶▶ 建议一：鼓励孩子迈出挑战的第一步

只有在竞争中，孩子才会更好地实现自己的价值。妈妈应该鼓励孩子积极地参与竞争。

在竞争中，孩子会遇到很多困难，但是困难只是暂时的，妈妈要让孩子有战胜困难的信心和勇气，并且还有为之付出努力、迈出勇于挑战的第一步。

当孩子勇敢地面对困难的时候，他的坚强的意志也便从中得以形成了。

竞争会调动孩子的积极情绪，他们会为了在竞争中获得成功而努力争取。孩子为了证明自己的价值，就会从内心产生为了追逐目标而不达目的誓不罢休的意志力。

他们能瞄准目标、勇往直前、百折不挠地去实现理想，这与孩子强大的意志力有很大关系，是意志在保障着成功目标的实现。

▶▶ 建议二：教育孩子学会经受失败的磨炼

磨炼是孩子成功的必备前提。妈妈要教育孩子，一旦确定前进的方向，就不要轻易放弃自己的奋斗目标，遇到困难和挫折时不低头，这样才有可能获得成功。

胡剑云喜欢打乒乓球，在学校里几乎都没有对手。妈妈觉得这样下去胡剑云会变得骄傲自大，也不会有大的进步，于是就为他报名参加了市里的乒乓球大赛。

大赛中高手如云，胡剑云没有拿到名次。他感到很受打击，对自己的能力产生了怀疑，也不喜欢再拿起球拍了。

妈妈教育他，要学会从失败中看到自己前进的方向。在妈妈的引导下，胡剑云逐渐形成了"宠辱不惊"的良好意志力。

每个人都不可能一直一帆风顺，总会遭遇到失败。而怎样对待失败，正是人与人之间的最大区别。抱有正确的态度，失败同样会使孩子获益匪浅。

失败的教训往往比成功的经验更为可贵。失败也更能磨炼孩子的意志。比如孩子会在失败中学会乐观地看待成败，学会坚持不懈，学会积极进取，也会得到正确的做事经验。

▶▶ 建议三：教孩子在竞争中学会合作

现代社会，是竞争与合作并存的社会。妈妈要告诉孩子，竞争与合作相互促进、相互依存，缺少了任何一面，都会造成不良的后果。

吴刚获得了数学竞赛一等奖。奖章、掌声、老师的赞许蜂拥而来，可他觉得还缺点什么：同学们一点儿反应都没有。

他买来水果分给同学，可是大家仍在座位上各做各的，没有人回应。为此他郁郁寡欢，个性变得沉默了很多，甚至开始脆弱。

造成这种局面的原因是，平时同学课间聊天，他从不加入，甚至他还不许别人讲话，因为他在做数学题。同学们问他题目，他不是借故太忙，就是嘲讽人家："这么简单都不会呀？"别人问他借数学参考书，他也说忘在家里了。

现在，吴刚终于体会到自己平时种下的苦果，也明白了，学习上要有良性的竞争，但更要有团结合作的精神。

良性的竞争，会促进孩子在竞争中发挥自己的潜能，形成坚强的意志。但一定要学会与同伴们共同前进，这样才能让生活更有意义。

保持乐观，教会孩子笑对挫折

【教子现场】

王峥从小喜爱唱歌，他的歌声得到大家的一致称赞，这也使他更加热情高

涨，并积极报名参加一些歌唱比赛。

一次，他到外地参加比赛活动，在电视里，妈妈看到儿子没有获得名次，虽然她内心感到惋惜，但知道此时儿子最需要的是鼓励。

因此，她得知儿子回来的日期后，抛下繁忙的事务，亲自到机场去迎接儿子。

当王峥情绪低落地走出机场，意外地看到妈妈时，内心有说不出的愧疚与难受。他抱着妈妈泣不成声。

妈妈笑着对儿子说："失败是成功的阶梯，妈妈深信你能够取得下次的胜利。再说，结果无论如何，妈妈都为你骄傲。"

王峥听妈妈如此说，心情豁然开朗。

【案例解析】

挫折是人生的必修课，谁都不可能避免。悲观的人在挫折面前垂头丧气，乐观的人勇敢地跨越挫折，更加坚强地走向辉煌。

因此，妈妈要让孩子时刻保持乐观的心态，这样能够减少孩子的挫折感，用积极的心态去学习和生活。

有些挫折是客观原因造成的，人力不可消除。保持乐观心态的人，首先是坦然接受，然后想办法走出挫折的阴影。

对于那些由主观原因造成的挫折，乐观的人会通过自己的努力，把挫折变成前进的阶梯，最后走向成功。

而那些悲观消极的人，不管遇到什么样的挫折，都会一蹶不振，或者怨天尤人，任自己一直处于消极的情绪里，这样很难取得进步，还有可能会因此出现心理疾病。

农夫与驴子的故事很好地说明了这个道理。

一头驴子掉到了枯井里，农夫认为那头驴子老了，从枯井中拉上来又很费劲，因此决定就将它掩埋，于是刨土洒向井中。

开始的时候，驴子哀号不止，后来却不做声了。农夫忍着眼泪往井里一看，驴子竟然正在勇敢地抖掉身上的土，并把它踩在脚下。随着井内土的增高，驴子已经快到井口了。

　　由此可知，遇到挫折，颓丧没有丝毫用处，而要把挫折踩在脚下，自己才能站得更高。

　　所以妈妈要教孩子笑对挫折，走出消极情绪，勇敢地穿越挫折，走向胜利。

【给妈妈的教子妙方】

▶▶ 建议一：妈妈要有适当的期望值

　　妈妈要让孩子保持乐观，首先要对孩子抱有适当的期望值，不要给孩子提出超过其能力的苛刻要求，否则会加重孩子的心理负担，增加孩子遭遇挫折的机会，导致孩子丧失自信。

　　妈妈对孩子的适当要求与期望，是避免孩子产生消极情绪的重要方面，有利于孩子拥有更多快乐的时间。

▶▶ 建议二：保护孩子的自尊

　　当孩子遭到批评或者遇到挫折时，妈妈不要指责，而要保护孩子的自尊。

　　放学了，妈妈到学校去接儿子李丹。她远远地看见儿子一脸沮丧地走着，手里拿着试卷，便叫了儿子一声。李丹听到妈妈的声音，快速把试卷放在书包里，故作镇静地迎了上来。

　　妈妈心想，儿子可能这次考试成绩不好，想问又怕伤了他的自尊，于是就装作什么也没有发生，只是在儿子晚上临睡觉前，旁敲侧击地鼓励他要用心学习。

　　李丹答应了一声，心里十分感激妈妈维护了自己的尊严，并暗下决心要努力学习。

　　有时候孩子考试成绩不好，或者遇到了其他挫折，为维护尊严不想让妈妈知道。此时，妈妈最好不要追问，学会维护孩子的自尊，这样才能够使孩子尽快地从挫折中解脱出来。

▶▶ 建议三：让孩子正确认识挫折

　　挫折有很多种，有些挫折是个人主观能力不足造成的，有些挫折是客观原因导致的。不管哪一种挫折，妈妈都要引导孩子正确认识它们。

对于那些人力不能改变的挫折，妈妈要教孩子坦然面对，尽快转移不良情绪；而那些因能力不足或者自己失误原因造成的挫折，妈妈要告诉孩子吸取教训，争取下次胜利。

》》 建议四：面对挫折保持微笑

不管什么样的挫折，当它来临时，妈妈都要教孩子面对挫折保持微笑，这样可以减轻挫折对孩子的负面作用，并对克服挫折起到积极的效果。

老师提前通知班上，下周每个同学都要上台演讲。

张祥因为胆小，他从不敢当众讲话，这样的场合他常常怯场。所以当听说要上台演讲，他内心紧张。随着演讲日期的临近，虽然他准备得已经很充分了，但内心还是忐忑不安，甚至有逃避的念头。

妈妈就告诉他面对挫折时，要学会保持微笑，这样能够减少与克服困难。

演讲活动如期举行。轮到张祥上台了，他双腿发软，甚至话都说不出来。此时，他想起妈妈所说的话，于是勇敢地迎着所有同学的目光，露出了一个灿烂的微笑。

结果，他竟然不再紧张，演讲得十分顺利。

微笑能够稳定情绪，调动身体的各个机能，因此能够帮助孩子克服挫折。

》》 建议五：鼓励孩子走出挫折

每个人无论做什么事情，都有可能遭遇阻碍、挫折和失败。不管是哪种原因造成的挫折，妈妈都要学会鼓励孩子，使孩子勇敢地走出挫折的阴影。

面对孩子遭遇的挫折，妈妈首先要肯定孩子的努力，告诉他坚持就是胜利；其次，帮助孩子查找原因，对症下药，只有这样孩子才能对自己和事情有进一步的认识，避免再犯同样的错误。

同时，妈妈还要帮助孩子调节情绪，如带他去郊游、看电影、参加社会活动等。这样能有效地转移孩子的情绪，还能陶冶孩子的性情。

最重要的一点是，无论孩子遇到了什么样的挫折，妈妈都要对孩子抱有坚定的信心，这样才能让孩子重新鼓起前进的风帆。

学会乐观，让孩子凡事都往好处想

【教子现场】

从前有位老太太，她有两个女儿，大女儿嫁给了一个晒盐的，二女儿嫁给了一个卖伞的。

晴天的时候，老太太担心二女儿家的伞卖不出去，雨天的时候，又担忧大女儿家的盐晒不干，这样无论天晴与阴，老太太都是郁郁寡欢，最后病倒在床。

一位智者开导她说："晴天你应该高兴，因为大女儿家正好晒盐；雨天你也应该快乐，因为二女儿家卖伞的生意会很好。"

老太太听后仔细一想，是这个道理，因此病也好了。以后不管天气如何，她都是一副乐呵呵的模样，十分开心。

【案例解析】

一个人是否乐观，与先天的血型和体质有一定的关系，但最主要还是靠后天的培养。由于看问题侧重点的不同，结果也就会大相径庭。

同样一件事情，悲观的人只看不利的一面，于是消极、后退，而乐观的人会看对自己有利的一面，以一种积极的心态去面对，因此能够生活得比较顺利。

所以，妈妈要帮助孩子塑造一个积极乐观的心态，帮助孩子轻松地走向胜利。

现代社会节奏快，竞争压力大，人们遇到的挫折会更多。一个人只有保持着乐观的心态，挫折来临时多看对自己有利的一面，才能够产生好的结果，从而促进自己成功。

如果在挫折中只看到对自己不利的一面，对未来悲观失望，就很难会有一番作为，有可能还会经不起挫折而悲观厌世，做出让亲人伤心的事情来。

因此，妈妈一定要帮助孩子塑造乐观心态，教孩子遇到什么事情都要往好处想，这样孩子长大成人后，才能担负起更多更重要的责任，才会做出更大的业绩。

【给妈妈的教子妙方】

▶▶ 建议一：教孩子面对现实

生活中的很多挫折，是由客观原因造成的，人力不可改变，如遇到交通事故、得了重病等。当孩子遇到这样的厄运时，妈妈要教孩子学会坦然面对现实。

孙波在一次交通事故中，摔断了一条腿，治疗了很长时间，还需要挂着拐棍行走，为此他十分自卑，也不愿意去上学了。

妈妈想着儿子以前健康快乐的模样，现在看到残疾的他，也很难过。但是妈妈清楚地知道，既然事情已经如此，只有坦然接受，别无选择。

于是，妈妈开导孙波接受这个现实，并告诉他很多前人的实例，教儿子学习他人的心态，不要纠结这个问题，而是把所有的精力与时间用在学习上。

孙波努力做了，结果不但分散了对自己身体的注意力，而且提高了学习成绩。

当不幸之事降临到孩子身上，妈妈只有教孩子学会接受现实，并且学会转移注意力，这样才能使孩子快速地走出厄运的阴影。

▶▶ 建议二：培养孩子正面思维

不管什么样的挫折来临，如果采取负面思维去看它，只会看到不利的一面；而如果用正面思维去看待，就能够看到对自己积极有利的一面。

正面的思维，才能带来乐观的心态，让身体机能与思维同时处于活跃状态，才能笑着面对挫折，想出更有效的办法来解决难题，很容易就会克服挫折。

而悲观性格的人面对挫折，只会往坏处想，因此很难走出失败的阴影。

所以，妈妈要塑造孩子乐观的心态，这就需要从孩子小的时候开始就对其进行正面思维的训练，看到挫折背后的积极意义。

这样不仅有助于孩子穿越挫折，还能使孩子长久地保持着愉快的心情。

▶▶ 建议三：教孩子控制不良情绪

人们面对挫折的时候，不可避免地都会心情不好，但如果不会控制自己的不良情绪，任自己一直消极下去，就会带来不良的后果。

林天上初二，是个自尊心很强的孩子。

他由于学习不太好，班里有一个成绩优秀的女生主动帮助他补习功课，这样林天在成绩提高的同时，也开始慢慢地喜欢上了那位女生，并且勇敢地向那位女生写了一封求爱信。

那位女生委婉地拒绝了他，林天从此一蹶不振。妈妈知道了事情的原委之后，告诉他只有努力学习，才有可能获取那位女生的青睐，否则一点儿机会都没有。

林天听妈妈如此说，很快调整了不良情绪，把全部精力都投入到学习中去了。

妈妈教孩子学会控制不良的情绪，比如让孩子遇到挫折找人诉说，或者转移注意力等，这些都有助于驱散孩子心头的阴霾。

>> 建议四：增强孩子的耐挫折能力

人们遇到挫折，通常只有两种结果，一种是被挫折打倒，另一种是把挫折变成前进的动力，激励自己奋发图强。

韩江的成绩不十分好，但他的心理承受能力很强，不管遇到了什么样的挫折，他都不会退缩，还会主动承担困难的任务，并且整天都十分开心。

因此他成了班里最受欢迎的同学，还因为耐挫能力强，被同学们推举为班长。

妈妈经常让孩子接受挫折训练，从小培养孩子的耐挫折能力，这样能够锻炼孩子的意志，形成宠辱不惊的心态，帮助孩子走向成功。

从生活中训练孩子的心理承受力

【教子现场】

小伟今年 11 岁，上五年级。一天，他回来哭哭啼啼地告诉妈妈，说一个同学和自己闹别扭了，事情本来不是自己的错，是同学做得太过分。

妈妈笑了，她告诉小伟，一个人要赢得另一个人很容易，那就是要学着吃亏，学会包容。

你想着吃亏和包容的时候，你就会赢得别人；而那个懂得以更大的吃亏和包容来回报你的人，就是你赢得的朋友。

小伟听后，若有所思地点点头。以后他很少再有同样的委屈和困惑了。

【案例解析】

心理承受能力强的人，无论遇到了什么样的挫折，都能坦然接受，以一种积极的心态面对，所以能够取得成功。

而心理承受能力弱的人，却会被小小的挫折打击得一蹶不振，因此容易失败。

所以，妈妈要增加孩子的心理承受力，让孩子成为一个百折不挠的人，这样孩子今后才能立于不败之地。

现在的孩子，普遍都是娇生惯养，几乎都是衣来伸手，饭来张口，有求必应，过着舒适安逸的生活，没有受过任何委屈，因此心理承受能力几乎为零。

社会竞争激烈，人际关系复杂，各方面的挫折都有可能发生。如果孩子在成长过程中没有遭受过挫折与失败、委屈与拒绝，就没有良好的心理承受力和耐挫力，更没有克服挫折的办法。

这样的孩子遇到挫折就会表现得怯懦退缩，倾向于选择逃避，这样会影响孩子能力的发挥，使孩子自卑，最终阻碍他的成功。

所以，妈妈平时要让孩子正确地认识自己，知道自己也有缺点与不足之处；而对于孩子不合理的要求，妈妈不能一味地满足，要让孩子知道无理要求不当，体验被拒绝的滋味。

妈妈还要有意识地给孩子制订一些困难的任务，或者设置一些障碍，让孩子体验到遭受挫折的感觉，并引导孩子学会如何应对这些挫折。

孩子只有经历的挫折多了，心理承受能力变强了，遇到任何挫折才能够从容应对，才会取得更大的成绩。

【给妈妈的教子妙方】

>> 建议一：用爱与关怀增强孩子的安全感

孩子有了安全感，才会有勇气与信心尝试，才能增强其心理承受能力。而孩子安全感的建立，是需要妈妈的关注与肯定才能获得的。

因此，妈妈要时刻看到孩子的进步，不失时机地进行鼓励与表扬。孩子从妈妈那里得到了认可与信任，有了安全感，才会乐于挑战。

》》 建议二：实事求是评价孩子

有很多妈妈，为了使孩子开心，不管孩子做什么都夸奖，这样不切实际地评价孩子，很容易导致孩子心理膨胀，不能正确认识自己。

邓维是家里的独子，是家庭的中心，妈妈每天都围着他转。

不管他要什么东西，妈妈都一口答应。在妈妈眼里，宝贝儿子没有任何缺点。她天天夸奖邓维长得帅气、聪明、可爱等，总之都是表扬语言、赞赏口气。

这样，邓维自觉高人一等，与别的小伙伴一起玩耍时，他任性蛮横，结果被小伙伴们一致排斥，没有人愿意同邓维一起玩。

妈妈看到这样的状况，后悔不已。

妈妈平时对孩子要实事求是地评价，孩子有什么缺点与不足，也要当面指出，不能一味地夸奖，否则孩子认识不到自身的缺点，不知道改进，更容易遭遇挫折。

》》 建议三：让孩子自己解决问题

平时，妈妈不能什么事情都代替孩子去办，这样对提高孩子的心理承受能力不利。

妈妈要让孩子学着生活自理，有什么问题自己处理，这样孩子不可避免地会遇到一些挫折，遭受一些委屈，承担一些压力，而这正是锻炼孩子的最佳途径。

妈妈要学会放手，给孩子成长的空间，这样才能让孩子有机会学习和锻炼，并在实践中不断提高自己的心理承受能力。

》》 建议四：让孩子接受挫折磨炼

现在家庭生活条件都很好，再加上妈妈什么事情都为孩子安排妥当，因此孩子遇到的挫折比较少，这样不利于提高孩子的心理承受能力。

东东各科成绩都不错，尤其是数学，更显示了他的天赋。为了给儿子更大的前进动力，避免东东骄傲，妈妈就给他找来一些高难度的思考题，让东东做。

因为题目很难，东东一时也不知道该如何下手，但他并没有放弃，空闲的时候，就想着如何解题。

经过一周的缜密思考，东东终于把答案做出来了，他为此十分兴奋，还央求妈妈给他找难度更高的题目。

妈妈应该根据孩子的实际水平，有意识地设置一些困难情境，让孩子在其中接受磨炼。这样孩子通过努力，既能体验到成功的喜悦，又能磨炼意志，提高心理承受能力。

>> 建议五：教孩子学会自我反省

妈妈要教孩子学会自我反省，这样既能够吸取教训，避免犯同样的错误，还能比较理性地分析问题，提高孩子的心理承受能力。

杨明是个很感性的孩子，做什么事情都是感情用事，因此经常做一些后悔莫及的事情。

为此，每发生一件事情之后，妈妈就教儿子自我反省，这样，他经过事后的反省，明白了自己的错误之处，以后再发生类似的事情，就能够控制住自己，理性地处理问题了。

妈妈教孩子经常进行自我反省，可以帮助孩子更客观地看待问题，更理性地处理事情，从而增强孩子的心理承受力。

学会自我激励，教孩子给自己加油

【教子现场】

刘军报名参加了学校春季运动会的 1500 米长跑。他想为班级赢得荣誉，所以一直积极备战。

比赛这天，天公不作美，下起了小雨，但运动会照常举行。刘军摩拳擦掌，告诉自己一定要克服天气带来的困难，跑出最好的成绩。

一声枪响，比赛开始了。刘军如离弦之箭，跑在最前面。可是由于刘军眼睛只盯着前方，不妨自己脚下踩着了一颗石子，使身体失去了平衡，加上下雨路滑，他一下子摔倒了。

他马上爬起来继续跑，可感到脚踝好像受伤了，一跑就非常疼痛。"我一定要坚持跑完全程，决不能在半途退出！"他在心里对自己说。

刘军忍着剧痛，一瘸一拐地跑起来。赛场边上的同学们看到了这一幕，既担心又感动，大家一齐为他加油。

刘军终于到达了终点，虽然与冠军无缘，但他的精神赢得了师生的一致赞美。

【案例解析】

人生中有太多的挫折与不如意，如果不会自我激励，就容易丧失信心，丢弃勇气，结果只能一败涂地。

所以，妈妈要教孩子学会自我激励、给自己加油，这样孩子无论处于多么糟糕的环境之中，都能够积极向上，因此容易获得成功。

激励分为内外两种。外激励是来自外界的激励，如妈妈的鼓励、老师的赞赏、物质的刺激等，都有可能提高孩子做事的积极性，进而取得一定的成绩。

但这种外在的激励，并不是需要时就能出现，因此不能依靠，否则外在激励一旦不在，孩子就会失去奋斗的动力，结果同样一败涂地。

而内激励，也就是自我激励，不仅作用巨大，而且永远都不会过时。

一个善于自我激励的人，无论遇到什么挫折，都会给自己加油；无论处于多么糟糕的境地，都会心存希望，因而能够创造出惊人的成就。

一个人是否会自我激励，直接决定着一个人的思维，进而是行为，最终是成果。

善于自我激励的人，能够发掘出自身的巨大潜力，因而能够超越所有的困难，直到成功；而不善于自我激励的人，遇到一点挫折就自怨自艾，停滞不前，结果只能以失败而告终。

因此，妈妈要教孩子学会自我激励，让他在任何时候都要给自己加油，这样孩子才能立于不败之地。

【给妈妈的教子妙方】

➤➤ 建议一：改变表扬孩子的人称

妈妈表扬孩子的时候，大多都用第一人称，比如："你今天缩短了完成作业的时间，我太为你高兴了。"

妈妈可以改成第二人称："你今天缩短了完成作业的时间，你应该为你的进步而高兴。"

这种表扬人称的改变，会使孩子在不自觉中学会自我激励。

➤➤ 建议二：鼓励孩子自己表扬自己

孩子有了出色的表现，或者有了进步的行为，妈妈要鼓励孩子自己表扬自己，学会认可与肯定自己，这样会增强孩子的自信心。

宋达是个懂事的孩子，学习也很用功，妈妈为了让儿子更加完善，看到儿子有了进步就及时表扬，宋达在妈妈的赞赏中也越来越优秀了。

一天，宋达考试又得了第一，回家告诉了妈妈。这次却出人意料，妈妈只是看了一下，并没有夸奖他。

宋达感到很奇怪，就问妈妈说："我这次又考了第一，您怎么不夸奖我了呢？"妈妈看了儿子一眼，笑着说："你应该为自己一直名列前茅而自豪，这不需要别人夸奖。"

从那时候，他开始真正去认识自己、积极评价自己，不依赖妈妈的表扬使自己进步了。

孩子学会了自己表扬自己，内心就会产生一种内驱力推动自己前进，就不会再依赖外部的激励了。

建议三：让孩子学会积极的自我暗示

妈妈要让孩子学会积极的自我暗示。积极的自我暗示会增加自信，提高积极性，是学会自我激励的一种有效的方式。

陈华很懒惰，家务活不干不说，早上还赖床，每天妈妈喊了很多遍，他才不情愿地磨蹭着起来，所以每次上学几乎都要迟到。

于是，妈妈给他定下闹钟，并让陈华临睡觉前说十遍"我一定能按时起床，以后不再用妈妈叫"这样自我暗示与激励的话，并要求儿子第二天早晨还说。

慢慢地，闹钟一响陈华就能够起来了，再也不用妈妈为他不起床而操心了。

平时，妈妈让孩子多进行积极的自我暗示，比如 "我能行"、"我一定圆满完成任务"、"我是最棒的"等，孩子的行为就会逐渐朝心理暗示的目标靠拢。

建议四：教孩子多看别人的优点

"尺有所短，寸有所长"，一个人只有多看别人身上的优点，经常发现自身的不足，才会不断地激励自己去奋斗，才能提高得更快。

郭鼎是个嫉妒心很强的孩子，看到别人哪方面比自己强，就去有意识地贬低别人，抬高自己，因此与很多同学的关系都不好。

妈妈就教育儿子说："别人比自己优秀，你应该努力赶上，甚至超过，而不应该去嫉妒，这对你没有任何好处。"

郭鼎感觉妈妈的话有道理，以后再看到别人比自己优秀时，就克制住嫉妒，暗下决心努力，结果各方面都有了很大进步。

妈妈教孩子以一种健康的心态去看待比自己强的人，并且有意识地让孩子多看别人的长处，这样才能激励孩子努力向上，促使孩子不断进步。

建议五：帮助孩子树立明确的目标

一个人是不是有目标、目标是否明确清晰，直接影响着一个人的行为与结果。

因此，妈妈要帮助孩子树立一个明确且清晰的目标，这样才能提高孩子的动力，激励孩子积极向上，实现目标。

≫ 建议六：让孩子立即行动

激励是为了更快、更好地行动。因此，妈妈在让孩子学会自我激励后，一定要促使孩子立即化激励为行动，这样才能有真正的成效。

因此，妈妈让孩子学会自我激励，更要脚踏实地地努力奋斗，才能使孩子赢得胜利。

第六章

培养健全的自我意识，教会孩子悦纳自我

　　一个喜欢自己的孩子，才能够更好地去被别人喜欢；一个善于接纳自己的孩子，才能够更好地被社会接纳。

　　父母要注意培养孩子能够悦纳自我的良好心态。要让孩子做最喜欢自己的人，使他们不仅能够接受自己的优点，还要能够坦然地接受自己的缺点。孩子学会做一个喜欢自己的人之后，才能够获得更多的快乐。

避免苛求完美心理，接纳自己的不完美

【教子现场】

不论是在生活中还是在学习上，王雅莉都是个追求完美的孩子。

她今年上初二，快要参加中考了。可是，她每天早晨梳妆打扮就要用近40分钟的时间。妈妈很着急，40分钟能背多少书啊。可是她还是我行我素。

在学校里她也是这样。王雅莉上课时记录课堂笔记很认真，但速度较慢，常常跟不上老师的节奏，因此，既没能专心听讲，也没有完整地记录笔记，学习效果不好。

她的成绩不太好，但她总是给自己制订很高的目标，所以每次考完，她免不了要难过一段时间，这种情况周而复始，让妈妈很头疼。

【案例解析】

随着孩子生理和心理的成熟，他们对自己的要求也越来越高，并在周围人对自己期许的影响下，形成了追求完美的心理。

每个人都有自己的优势和弱项，不可能十全十美。过度地苛求完美，只会给孩子增加沉重的心理负担，不利于孩子身心的健康成长。

追求十全十美，其实是孩子对现实生活的一种逃避。他们在现实生活中存在着不如意的事情，所以才会努力地驱除生活中的不完美。

他们把自己的注意力转移到自己所关注的事情或能够提升自己魅力的事情上，为此而身心疲倦，对生活和学习带来危害。

追求完美的心态，使孩子制订高于自己能力的目标，而常常难以完成，这会刺激孩子的情绪，打击他的自信心，使他产生自卑心理，对孩子的健康发展是极为不利的。

追求完美的孩子，希望任何事情都能达到完美，这样就会形成吹毛求疵的坏习惯。他们对来自外界的意见很敏感，所以会花费大量的精力去完成一件事情，从而造成不必要的浪费。

同时，喜欢追求完美的孩子，对身边的人要求也很高，所以比普通人更容易失去朋友。缺乏良好的人际关系，这不利于孩子人格的完善。

因此，妈妈要注意纠正孩子追求完美的倾向，让他对自己和世界有一个正确的认识。

【给妈妈的教子妙方】

▶▶ 建议一：不对孩子提出过高的期望

望子成龙是每位妈妈的心愿。但妈妈过高的期望，容易强化孩子追求完美的意识，给孩子带来心理上的压力，妨碍他走向成功。

青春期的孩子，本身就面临着来自各方面的压力和竞争，如果妈妈再向他提出过高的期望，就会影响他的健康成长。

妈妈要根据孩子的实际情况设置合理的期望值，要保证既能激发孩子的进取心，又不打击孩子的积极性。这样，孩子追求完美的极端心理也会得到改善。

▶▶ 建议二：教育孩子对自己正确评价

孩子对自己有所期望，会成为他前进的动力，但是一定要把握好度——既不能估计太高，也不能过于自卑，给自己制订的目标过低。

孩子追求十全十美的行为本身，就会对成功造成阻碍，从而背负着沉重的精神包袱。

追求完美让孩子抱着不合实际的态度来对待生活和学习，会给自己带来很大的负面影响。所以，孩子要对自己有正确地评价，不苛求，也不看低自己。

▶▶ 建议三：帮助孩子树立平凡意识

妈妈通常都教育孩子要成为优秀的人，却很少听见妈妈教育孩子成为普通的人。这在无形之中，会向孩子传达一种要做到极致的意识，给孩子的心理造成了较大的压力。

高艳今年上小学五年级，是班里的学习委员。她对自己的要求很高，觉得考不到第一就对不起学习委员的称呼。

所以，她每天都要给自己制订任务，常常为了完成任务熬到深夜。特别是

每逢考试前几天,她都要挑灯夜读,结果她得了神经衰弱症。

她不仅对自己苛求完美,对班里的同学也是如此。她自己做完作业了,就要求别人也和她速度一样,自然招致了同学的厌恶。

妈妈经常教育她,她也是班里很普通的一员,没有必要给自己和他人施加这么大的压力。

没有平凡意识的孩子会目空一切,不容易和身边的人搞好关系。当目标无法实现时,他就会产生严重的挫败感。这类孩子缺乏适应他人、适应社会的能力,自然会遭受更多的失败。

所以,妈妈要帮助孩子树立平凡意识,锻炼孩子平易近人的良好品质,以踏实的态度去对待生活和学习。

建议四:让孩子正确看待失败

追求完美的孩子,往往具有比一般孩子更强烈的自卑感,一旦失败了,就会深受打击,甚至会一蹶不振,引发各类心理疾病或极端的行为,给身心造成很大的影响。

媛媛今年上初一了,可是她最近总是闷闷不乐。妈妈带她去看医生,医生说她得了抑郁症,妈妈这才意识到:女儿追求完美的心理太严重了。

媛媛在小学一直是个拔尖的孩子,但是到了初中,媛媛的成绩就没有以前突出了,考试时常考得很不理想。

但媛媛是个喜欢完美的孩子,她不希望自己落后,于是给了自己很大的压力,结果成绩不升反降。她觉得自己很失败,常常有失败感,时间一长,就发展成了抑郁症。

妈妈要告诉孩子,只有经历过失败的人,才能取得成功,没有必要为一件事情做得不完美而自怨自艾。盲目地追求完美,往往徒劳无益。

成功是每个人心中的一个理想,但是只有经历过失败,才能给孩子的人生增加宝贵的经验。而过度追求完美,会让孩子走入误区,因此带来身心的伤害,不利于孩子的成长。

树立正确的人生观，别让孩子的心灵出现偏差

【教子现场】

力强是个正在上高三的孩子。他很聪明，学习成绩也很好，老师们都非常看好他，以他现在的成绩上重点大学，是没有什么问题的。

可就在离高考还有一个多月的时候，力强居然向妈妈提出了退学的要求。妈妈一向很尊重力强，她询问儿子原因，孩子竟然说出了让她做梦也想不到的答案。

力强说："我觉得人生没有任何意义，我也不想当什么科学家，反正死了都是一样的。"

妈妈通过调查得知，原来力强前不久与班里一位女同学谈恋爱，但是临近高考了，女孩为了不影响双方的考试，就向力强提出分手。

失去女友的力强，觉得生活的一切都没有意义，活着没有了任何价值。

妈妈意识到，自己疏忽了对孩子进行正确人生观的教育，以至孩子如此消极厌世。

【案例解析】

健全的人生观，能够为孩子克服困难、到达成功巅峰保驾护航。一个没有健全人生观的孩子，遇到困难时便会消极厌世，以逃避的态度来掩饰自己的失意。

这样的孩子只知道埋怨生活的不公平、命运的坎坷，更谈不上为社会做贡献了。

一些孩子缺乏人生观的教育，轻言生死，认为人生毫无意义，活着没有价值，因此一味沉迷于享乐。这些都是典型的消极人生观的体现。

妈妈应该告诉孩子，要忽略结果、重视过程，生命的意义在于不懈的追求，人生的价值也不在于最终的结果。

一个人的人生观是否正确，不是自己说了算，而要放到整个社会中去看。

符合社会发展要求的人生观，就是正确健全的人生观。

因为每个人存在和生活的意义，需要通过社会才能体现。没有社会作为支撑，任何人的人生都是毫无意义的。

罗素在《我为什么而活》这篇短文里，提到"对爱的渴望，对知识的追求，对人类不可遏制的同情，是我活着的三大理由。"

妈妈可以告诉孩子，爱是一个宽泛的概念，包括爱情、亲情、友情。每个人作为社会的一员，都有归属和爱的需要，这也是健全人生观的一个衡量标准。

同时，追求知识和真理，也是健全人生观的一个衡量标准。因为知识可以把人带入一个丰富多彩的世界，让人体会到智慧的欢愉。

《钢铁是怎样炼成的》里有这样一段话："人的一生应当这样度过，当他回首往事时，不因虚度年华而悔恨，也不为碌碌无为而羞耻。"

妈妈可以利用这些名言，勉励孩子在自己的一生中勤奋努力，为社会、为他人多作贡献。

同时妈妈应该告诉孩子，每个人的能力和认知存在差异，但是只要努力了，就是有意义的人生。为他人作贡献、为社会尽责任，是衡量高尚人生观的重要标准。

不管孩子将来以什么样的方式工作和生存，只要他们在努力工作，事实上就是在为人类社会作贡献，为提高整个社会的文明程度和物质生活水平作贡献。

【给妈妈的教子妙方】

≫ 建议一：为人生确立一个积极意义

"人生本没有意义，看你要赋予它怎样的意义。"每个人都应该为自己的人生确立一个意义：为自由而活，为追求知识而活，为生活得更加美好而活等。

朱琳是个初一的学生。有一天，她突然问妈妈："人的一生应该怎么度过才有意义呢？如果人死了，这意义还存不存在呢？"

妈妈笑了笑说："你的人生应该由你自己来决定，但是如果你想让你死了之后还有意义，就必须为社会创造价值。"

朱琳想了想，说，"那我做个作家，记录我们时代的真实生活，有意义吗？"

妈妈点了点头。

孩子进入初中以后，便开始初步形成人生观了。当孩子问到人生或者生死的问题时，妈妈不要感到诧异，而应该积极与孩子进行探讨，鼓励孩子为自己的人生确立一个积极的意义。

>> **建议二：激励孩子形成正确的人生观**

古今中外的成功人士，都拥有为社会、为人类作贡献的积极人生观。妈妈可以多给孩子讲述这些名人的故事来激励孩子，让孩子结合自己的知识水平和生活经验，形成正确的人生观。

思思上初中以来，她就一直很困惑人活着是为了什么，有时候想到人终究会死，便觉得学习和生活都乏味得很。

妈妈与思思聊天后得知她的忧虑，便为她买了一本《钢铁是怎样炼成的》。思思如饥似渴地阅读着这本书，深深地为保尔为国家牺牲一切的信念和崇高的人生观所感染。

而书中也有一句话让她深受鼓舞，那就是：

"人最宝贵的是生命。生命属于人只有一次。人的一生应当这样度过：当他回首往事的时候，不会因为碌碌无为、虚度年华而悔恨，也不会因为为人卑劣、生活庸俗而愧疚。"

思想决定向保尔学习，过一个有意义而无怨无悔的人生。

她小心地用正楷字在纸上写上书本中那段著名的话，并贴在自己的书桌上，以此作为座右铭，时刻激励自己。

没有正确的人生观作指导，人生就像在黑夜赶路，找不到方向和终点。妈妈可以为孩子讲述一些伟人的故事，让这些故事和人物的人生观激励孩子，正确地面对人生。

妈妈还可以鼓励孩子抄下名人名言作为座右铭，不断地激励自己。

➤➤ 建议三：强调孩子的社会责任感

任何正确的人生观，都必然是符合社会发展的。也就是说每个成功的人，都必须具备社会责任感。

妈妈在对孩子进行人生观教育时，一定要强调社会责任感，这是任何正确的人生观都不可缺少的内容。

小到为家庭、为公司，大到为国家、为民族作贡献，都是正确的人生观和有意义的人生必须树立的信念。

➤➤ 建议四：培养孩子乐观的人生态度

孩子有一个乐观积极的人生态度，有利于他们建立起健全的人生观。

乐观地看待困难和挫折，本身就是健康人生观的一种标志，同时这种品质还会让他们更容易关注他人和社会的需求，从内心确立强烈的责任感。

孩子在生活中遇到困难时，妈妈应指导他用乐观、积极的态度来面对，而不能消极厌世。

如孩子考试不如意，感觉生活没有价值，这时如果妈妈能够指导孩子用积极的态度来看待失意，孩子健全的人生观也就多了一些积累。

自我反省，启发孩子学会把握自己

【教子现场】

吴振做事情只图自己痛快，没有合作意识。

如化学课上，老师把班上的同学分成若干实验小组，每个小组的成员一起做实验。吴振不听从老师布置的步骤，也不顾其他小组成员的需求，就自己独自操作上了。

有同学说，东西不多，不按要求来，会做不出实验效果的。可吴振丝毫不理会。结果，吴振一组的成绩最差。老师要求的几项，他们只完成了一项。

上过几次课后，小组成员跟老师提议，不要吴振了。老师帮他换了一个组，结果不到两星期，吴振又被踢出来了。

最后老师无奈地说，让他自己申请一个组，有人要他，他就去。结果，全班九个组，没有一个要他的。

吴振为此很受打击。他不反省自己，反倒说其他成员不好。老师只好让他自己一个组。吴振刚开始很高兴，后来却发现，由于没有人配合，他的实验做得最慢，效果也最差。

【案例解析】

孩子不会自省，错了也不知悔改，错误就会变成恶习。孩子的恶习越多，越不讨人喜欢，最终还是会影响到自己。

妈妈应该告诉孩子，挫折面前不会反省，无法改正错误，那就只会导致停止前进。没有反省能力，再多的失败，也不会化为前进的动力，而会成为绊脚石。

失败是成功之母一说，与没有反省力的人无缘。失败成了成功之母，正在于失败的人对自己和事情的不断反省。

孩子的成长，正是一个不断犯错、不断改正的过程。没有人敢说自己的成长从没有犯过错，既然错误是不可避免的，那么反省能力就更重要了。

挫折中隐藏着"反面金币"，需要运用反省去捡拾。

孩子要获得持续、长远的进步，一定不能缺少反省能力。学会反省，就能知错就改，越走越远，不断取得人生的成功。

【给妈妈的教子妙方】

>> 建议一：妈妈要常反省自己，做好榜样

妈妈面对错误的态度，正是孩子学习的范本。如果妈妈犯了错之后，不认错、不反省，依然错下去，直到形成一种习惯，那么孩子也会默认，犯错是天性，反省太多余。

如果妈妈对错误很敏感，愿意主动承认并改正，孩子也会认定，犯错是正常的事情，但应该知错就改。

如果妈妈提醒孩子常反省，自己却从不反省，孩子将会不重视反省的重要性。

要想能够在错误中成长，就需要反省，找出自己的弱势，弥补自己的不足。只有这样，才能常常进步，变得越来越优秀。

▶▶ 建议二：教孩子常回忆自己的言行

经典教育著作《论语》说："吾日三省吾身，则智明而行无过矣。"这就是提倡人应该常常反省自己的言行。

妈妈要把这句话送给孩子，让孩子常常回忆自己的言行，就能找出许多需要改进的地方。

高峰的妈妈每天上床前要静坐半小时，用来反省自己一天的言行。高峰自从懂事后，也学着妈妈的样子，天天坚持这样做。

今天自己说过什么话、做过什么事，都像放电影一样在脑海中闪过。每天这么一想，高峰就会找到自己很多不足之处，第二天努力改进，争取不再犯同样的错误。

高峰在大家眼中，是一个自律的人，凡事谨言慎行，常展现出优秀的一面。可大家不知道，高峰的这些能力，正是他每天反省的结果。

反省有很多方式，静坐为其中的一种。在西方，人们喜欢到教堂忏悔，也正是意识到反省的重要性。

孩子能常常反省，身上美好的品德会增加，缺点会减少。妈妈想要培养出优秀孩子，就一定要让孩子具备高度的反省能力。

▶▶ 建议三：教孩子识别哪些是自己的错

孩子的事情失败了，最怕的是孩子认识不到自己有错，此时妈妈要引导孩子，让他认识到错误所在。

孩子若推卸责任，把错误推到了环境、机遇上，则不会自省，无法在失败中成长。

凡事内因都是关键，外因只是条件。妈妈要教育孩子，错误的原因要从自己身上找。

孩子学会了反省，会首先意识到自己身上的问题，然后才积极地寻找原因，进而才是积极地想办法去解决问题。

好妈妈应该提醒孩子，错误面前应该勇于承担责任。

>> 建议四：教孩子从挫折中寻找"反面金币"

妈妈要教育孩子，面对挫折，必须积极总结经验教训，不能放任不管。

失败是谁都不想要的，失败后心情沮丧、情绪低落，这些都是正常现象。

但是，失败中暗含着通向成功的经验，它被称为"反面金币"。孩子要学会积极地去寻找，这样才能不断进步。

王霄和孙田是好朋友。有一次，王霄答应孙田周末去钓鱼，结果，王霄却失约了，也没有对此作出解释，两人为此闹翻了。

以前，两人一同上学、一同放学，现在，两人都形单影只了。王霄很后悔，但碍于面子，不想主动向孙田道歉。

妈妈知道后，就鼓励他向孙田道歉。王霄鼓起勇气，把自己的错误一条一条全列了一遍，并向孙田认错。孙田见他态度诚恳，马上原谅了他。

经历过此事后，王霄答应孙田的事，都会自觉遵守承诺。

孩子犯错后，妈妈要鼓励他反省。能够找出错误点，再进行改正，孩子就进步了。每一个错误的背后，都能找到经验。孩子努力改正不足，就是在不断地完善自己。

帮孩子顺利度过心理断乳期

【教子现场】

徐宏现在开始上初中了，还不到半年，妈妈就觉得孩子像变了一个人似的。

以前他是个很听话的孩子，现在竟然也变得很调皮了，还和班上的同学一起进网吧，上网打游戏。

这天，徐宏一进家门，妈妈就看到孩子的耳朵上亮闪闪的挂了一片东西，仔细一看，原来是耳环。

妈妈一看就生气了，一个男孩子，打这么多耳洞干什么。妈妈对他提出了

意见，他却全当作没听见。妈妈一下子觉得孩子好像离自己特别远。

以前只要是妈妈说的话，徐宏都会很认真地对待。现在妈妈的话，无论对错，他都能装作听不见。说多了，他还会顶嘴，觉得妈妈不了解他，不尊重他的选择和生活。

如此一来，妈妈不知道该怎么管儿子，但内心又对他特别不放心，怕他学坏了。

【案例解析】

孩子在涉世之初，对世界对人生的认识，都是很模糊的。随着青春期的到来，孩子的身体和心理都发生了急剧的变化，对妈妈和老师的依赖感开始下降，独立意识越来越强。

他们不喜欢受到成人的干涉，而且会产生逆向心理，不满足于一些所谓的"定论"，喜欢从另一个角度来考虑和做事情。

他们想尽快地摆脱童年的一切，寻找一种全新的行为规则。他们有了自己的想法和感情，想在很多事情上自己做主，不愿意总是听从妈妈的建议。

这个时期，孩子就是进入了"心理断乳期"。

此时孩子的情绪，也是忽上忽下的。他会选择一些自己认为比较权威的人，来作为自己最先获得自我独立和解放的反叛对象，首当其冲的就是妈妈和老师。

在妈妈的角度来说，在这个时候，会觉得孩子变得不再听话了，出现了许多自己不喜欢、不认可的行为。

实际上，这是孩子在心理发展过程中的一种正常的现象，是孩子成长发展的一个必经的阶段。妈妈要有正确的认识，好好地对孩子进行引导。

进入了"心理断乳期"之后，孩子的"成人感"会增强，在心理上会有更多的要求。

他们希望能够摆脱妈妈的控制，想自己独立，想让妈妈尊重自己的行为和决定，把自己当一个大人来看待。

他们讨厌妈妈对自己的行为过度关心、监护和说教。对于妈妈的说教，孩子会把它看成一种令人厌烦的唠叨。

这个时期的孩子，个性还没有稳定下来，正处于不断的变动当中。他们特别容易在妈妈面前出现情绪失控的现象；在自己受到挫折之后，会很容易陷入情绪低落、自卑自责之中，严重的还会影响到学习的正常进行。

　　妈妈如果不能够及时地给孩子以指引，时间长了，还会对孩子的性格形成造成不良影响。

　　"心理断乳期"也是一个危险期。妈妈要妥善地对待孩子的这个时期，多给孩子一些正面的引导，帮助孩子顺利地渡过这个特殊的时期。

【给妈妈的教子妙方】

▶▶ 建议一：帮助孩子树立正确的人生观和价值观

　　人生观和价值观，在孩子的这个特殊的时期非常重要。因为在这个时候，孩子的价值观和人生观开始建立，但也是一个比较混乱的时期。

　　因为这是一个放弃和建立同时进行的时期，无论哪一样，对孩子来说都是很严重、很大的人生课题。

　　这个时候，孩子要从心理上脱离对妈妈的依赖，要学会对人、对事做一个客观的观察，在处事上学会冷静、妥善的处理，对自己知识、才能和技艺的学习，也不能放松。

　　只有当孩子能够做到这些，妈妈才是帮助孩子顺利地渡过了"心理断乳期"。

▶▶ 建议二：教会孩子正确地评价自己

　　孩子在这个时期，容易陷入一种对自己评价过高或过低的误区，很难作出一个理性客观的评价。

　　当自己在寻求独立的过程中，取得了成功和进步的时候，孩子就会觉得自己比妈妈和老师的思想还要先进，自己的能力也是很强的，对自己的感觉很好。

　　但一旦面临失败和挫折，孩子又容易陷入消极和自责之中。

　　所以，妈妈要及时发现孩子过低或过高评价自己的苗头，及时地予以指引，让孩子能够客观地评价自己。

▶▶ 建议三：不要过激地对待孩子的叛逆

　　处于"心理断乳期"的孩子，容易做出一些与妈妈意愿相逆的事情。

　　妈妈在面对孩子的这些叛逆行为时，千万不要对其进行打骂等过激的教育，这样会严重地制约孩子寻求独立的自尊心，也会激起孩子更强的逆反心理。

晓君现在开始念初二了，是住校生。班上的很多女同学都开始打耳洞戴耳环，晓君也跟着大家打了耳洞，而且是一只耳朵上面就打了三个，总共有六个。

放假回到家，她跟妈妈说了这件事。妈妈便说："两个就够了，这么多你不嫌多啊？"晓君便说妈妈老土，妈妈无语。

看着孩子红红的耳朵，妈妈感到女儿现在是越来越难管了。

如果妈妈用极端的方式对待孩子的逆反行为，不仅不会让孩子明白自己行为的不妥，而且疏远了亲子关系。

妈妈在面对孩子的过激行为时，要学会理智冷静地处理。妈妈一过激，只会让孩子更加受刺激，从而叛逆加剧。

》 建议四：让孩子了解自己的身体

这个时期，孩子的身体和心理都会有很大的变化。此时妈妈要让孩子正确地了解性知识，知道自己的身体随着年龄的增长，都会有哪些正常的变化，引导孩子拥有健康向上的生活观。

如果妈妈不注意这一点，让孩子从其他渠道去了解，或者根本就不了解，是不利于孩子身心健康发展的。

王玫快12岁了。妈妈看着孩子个子在不断地长高，身体也有了很多变化，就选择了一个比较合适的时间，将一些生理卫生知识告诉了她。

妈妈告诉她月经是怎么回事，要是出现了该怎么办，如不要碰凉水吃冷饮等。

妈妈还给她讲解了一些其他关于性的知识，让孩子能够正确地看待自己的成长，在心理上乐于接受自己向成人的转变。

孩子对自己身体的了解，也是对自我了解的一部分。这可以帮助孩子更好地照顾自己，也能够用更健康的心态来面对生活。

》 建议五：教孩子加强和同龄人之间的交流

妈妈要鼓励孩子多与自己的同龄人交往。这样孩子可以自由地讲述自己的困扰，得到同伴的启迪、疏导和帮助，拥有一种集体归宿感，而不必独自面对青春期的困惑。

这个时候是孩子最"不合拍"的时期，会出现很多混乱，心理承受能力也比较差。多和同龄人交流会让孩子发现，自己的问题也是别人同样面对的问题，从而减轻心理压力。

鼓励自立，帮孩子克服依赖心理

【教子现场】

曹垒今年上幼儿园了，可是他是个依赖性很强的孩子，每次妈妈送他去幼儿园，他都哭着闹着不让妈妈走。

刚开始妈妈以为孩子是不适应学校生活，哭两次就好了，但是曹垒每天都重复着哭闹。

在家里，他从来不敢独自在家，做什么事情都要妈妈陪着。他不会自己动手做家务，即使是力所能及的。

每天他上学前，妈妈都要给他准备好书包，衣服也要帮他穿好，甚至他不想自己吃饭时，妈妈还要把饭送到他的嘴里。

【案例解析】

现代社会需要的是具有创造性、独立性的人才。现在的孩子多数是独生子女，在妈妈的溺爱中成长，妈妈习惯了为孩子做好一切事情，让孩子不自觉地对妈妈产生了依赖心理。

依赖性强的孩子，如果离开了依赖对象，就会变得迷茫，进入社会之后也没法很好地生存和发展；依赖性强的孩子容易懒惰、脆弱、缺乏自主意识和创造性，甘愿处于从属地位。

在学校，他们会按照老师的安排来学习，缺少主动性；在家里，事事让妈妈包办，动手能力极差。

依赖性强的孩子常常缺乏爱心，缺少独立的生活和学习能力。

依赖性强的孩子会失去很多和他人接触的机会，影响其人际交往，对其人生的发展造成很大的阻碍。

如果孩子的依赖心理得不到及时纠正，会形成依赖性人格障碍，严重的还会引发忧郁、焦虑等心理疾病。

孩子依赖性强，多是妈妈教育方式不当引起的。造成孩子依赖性强的原因主要有：妈妈对孩子无微不至的关心，造成孩子事事依赖妈妈；妈妈喜欢为孩子做决定，使得孩子缺乏自己独立的思想；孩子习惯于享受妈妈的溺爱，而形成对妈妈的依赖等。

妈妈要了解孩子依赖性强形成的原因，以此为基点，采用一定的策略，引导孩子走出依赖心理的阴影，培养孩子的自主自立意识，帮助孩子健康成长。

【给妈妈的教子妙方】

➤➤ 建议一：给孩子制认合理的目标

妈妈在培养孩子独立性的时候，要根据孩子的年龄和实际能力，制订合理的目标。

目标过高，孩子会产生畏惧心理，不敢尝试，而是依赖妈妈的帮助去实现对自己的要求；目标过低，又不容易激发孩子的兴趣，也不利于孩子主动地去独立做事。

孩子年龄小，正是培养其独立性的关键时期，妈妈要给孩子提出适当的要求，指导孩子独立完成。

当孩子看见自己完成了某件事情，自信心就会增强，良好的情绪体验会促使他们踊跃地独自做事情，从而减少对妈妈的依赖。

➤➤ 建议二：帮助孩子克服懒惰

孩子依赖心理强与自身的懒惰是分不开的。当孩子养成懒惰的习惯后，就会不自觉地事事要求妈妈为自己操办，而懒于亲自动手。

在这样的心理状态下，孩子形成依赖性强的心理也就自然而然了。

妈妈要耐心地引导孩子，把依赖转变成自己独立做事，对孩子的生活和学习提出明确而具体的要求，逐步让他们学会生存的能力。

妈妈可以从让他们做自己的事情开始，如穿衣、吃饭、洗自己的衣服、整理书包等，也可以让孩子学会干一些适当的家务，如打扫卫生、刷碗等。

这样不仅可以培养孩子的独立性，还有助于培养他们的责任心和感恩意识。

>> **建议三：鼓励孩子主动做事**

当依赖性强的孩子自己主动地去做一件事情的时候，妈妈要及时发现孩子的努力和闪光点，给予孩子积极的鼓励。

陈国今年4岁了，平时对妈妈的依赖性很强。妈妈打算把他送到幼儿园，怕孩子适应不了自己照顾自己的生活，于是开始着手培养孩子的独立性。

以前他自己也会穿衣服、穿鞋子，可是看到妈妈在身边，就一定会等着妈妈来帮忙，自己不穿。

这次他又要妈妈帮他穿，妈妈夸奖陈国是个懂事的孩子，自己肯定能穿好。孩子在妈妈的鼓励下，自己穿好了衣服。

用这种方法，妈妈帮助孩子逐渐摆脱了依赖心理。

即使孩子做得不够优秀，妈妈也不能打击孩子的积极性，要适当地鼓励孩子。

孩子提出自己的观点和看法时，要多肯定，少批评，鼓励孩子按照自己的想法去做事。

在孩子做事的过程中，妈妈可以给予适当的指导和帮助，培养孩子的主动性。

>> **建议四：耐心培养孩子的好习惯**

任何一个习惯的改变，都不是一蹴而就的。想要让孩子改变依赖心理，需要妈妈循序渐进地帮孩子培养出好习惯，最终才能改变孩子依赖性强的坏习惯。

王女士的儿子今年6岁了，可还是什么事都缠着妈妈。

妈妈很是着急，对他采取了各种措施，可是并不奏效。

这天他因为让妈妈帮他洗脚，妈妈拒绝了，但是他非但没有改变自己的习惯，反而对妈妈吼道："这是做妈妈的责任"。这让王女士很生气，也很无奈。

帮助孩子养成好习惯，需要妈妈长时间的耐心与努力，按照一定步骤和计划逐步形成。一味急于求成，或采取打骂的方式，会让孩子产生逆反心理，还会破坏亲子感情。

所以妈妈必须要有耐心、有恒心，逐步养成孩子独立自主的良好习惯。

懂得自律，教孩子学会自我约束

【教子现场】

安东是学校里有名的情绪化孩子，课堂捣乱、拖欠作业是司空见惯的事情。无论老师和妈妈怎么说教，安东始终改不了任性和情绪化。

安东是在爷爷奶奶、外公外婆和妈妈的精心呵护下长大的，现在已经8岁了。

在家里，安东是爷爷奶奶的心肝宝贝，他们不让安东受一点儿委屈。在爷爷奶奶的心目中，孙女做什么事情都是正确的，提出的任何要求都是合理的。

有时候，安东犯了错，妈妈会批评她，可爷爷奶奶护着她，总说"小孩子知道什么，长大了就懂事了"。有了爷爷奶奶的庇护，安东越来越爱乱发脾气了。

在家里，妈妈不会计较孩子的蛮横无理。但在学校里，小朋友们不会容忍安东这样乱发脾气。

因此，安东经常和学校的小朋友发生矛盾，原因就是她做什么事都随心所欲，喜欢干什么就干什么。

有的时候，别的小朋友正玩着自己的玩具，她看到了，觉得喜欢，就马上过去抢，小朋友不给，两人之间就发生冲突。

安东过分要强，使她不能与同伴和睦相处，被孤立于同伴之外，因此觉得很生气很伤心。

乱发脾气的安东认为，自己做的事都是对的。在学校里，她总是顶撞老师，老师说她几句，她还委屈地哭，并说："你欺负我，我要回家告诉爷爷。"

【案例解析】

自制力是一种善于控制自己的情绪、支配自己行动的能力。

对孩子来说，由于中枢神经系统尚未发育完善，神经纤维尚未全部髓鞘化，传递的神经行动容易泛化，不够准确，因此常表现出自制能力比较弱。

比如：妈妈不让孩子饭前吃零食，孩子也知道，但当他看到香喷喷的点心和甜甜的巧克力时，禁不住美味的诱惑，趁妈妈不在就拿来吃了。

又如：孩子去医院看病，在路上，他答应妈妈看病时不哭。但当医生把听诊器放在他的前胸时，他又哇地哭了。

孩子的这些行为都说明，他们并非有意和大人过不去，而是缺乏控制自己的能力。

许多妈妈常为孩子没有自制力而烦恼不已。确实，孩子的自制力差，不但会影响到他们的生活、学习，而且还会影响到日后的发展。

孩子身上缺乏自制力的问题，是现在许多孩子都存在的普遍问题。如果妈妈希望孩子明天成为意志坚强的人，在任何时刻都能控制住自己，就应该从小就开始培养他的自制力。

如果错过了幼年这一最佳时期，妈妈就需要花费很大的精力，才能使孩子拥有这一素质。

孩子明天的意志力，直接取决于今天妈妈的坚决态度。严格的教育并不意味着压制，而是要努力使孩子学会自我控制，并正确评价周围的事物。

【给妈妈的教子妙方】

▶▶ 建议一：培养自制力，需要妈妈做榜样

自制需要榜样。生活中孩子最容易模仿的对象是妈妈，妈妈自制力的表现，会影响孩子自制力的发展。

妈妈必须先要求自己增强自制力，才能帮助孩子建立自制力。身教重于言教，为了培养孩子的自制力，妈妈要以身作则，做好孩子模仿的范本。

以前那君在女儿面前很随便，但是慢慢地她发现，自己的随便给女儿造成了不良的影响。

比如那君和朋友打牌，女儿就坐在电视机旁看电视；周末那君没有按时起床，女儿也趁机放弃英语早读；那君忙起来顾不上整理房间，女儿书桌上讲义、卷子、本子也越堆越乱……

那君开始注意自己的言行，改掉了粗放、随意的坏行为，女儿身上的坏习惯也渐渐消失了。

生活中，妈妈若能具备排除干扰、集中精力，令行禁止、说到做到，机智灵活、随机应变，坚持目标、始终不渝等自控能力，那么，孩子在妈妈的影响下，自制力一定能得到提高。

▶▶ 建议二：教孩子学会控制恶劣情绪

孩子不听话，很多时候是因为自我情绪控制能力太差。在孩子成功的道路上，最大的敌人其实并不是缺少机会，或资历浅薄，而是缺乏对自己情绪的控制能力。

孩子愤怒时，不能遏制怒火，使周围的合作者望而却步；孩子消沉时，放纵自己的委靡，把许多稍纵即逝的机会白白浪费。

情绪影响着人的理智和行为，为此，妈妈要注意培养孩子控制和调节情绪的能力。

小凡今年 14 岁，上初二。两年来，他的目光不敢与人相对，否则就惊恐万分。

原来，他两年前发现自己有近视，因而去配了副眼镜，但配后迟迟不敢戴，怕别人见了笑话。

某日上课时，因感到老师在黑板上写的字模糊看不清，他就试着第一次戴上眼镜，谁知这时正好老师转身，无意中看了他一眼。

他在与老师目光相对的一瞬间，突然感到内心一阵莫名其妙的恐惧，因而赶快低头，但仍心跳不已。

此后他再也不敢与这位老师对视。为了回避老师的目光，继而发展到怕与电视、电影屏幕上的人对视，最后竟连回想与别人目光相视的情景，都会感到心惊肉跳。

他想控制自己不看别人，如走路、吃饭都低着头，不敢到人多的地方去，但在他心里却越是想要与别人对视。可偶然真的与别人的目光对视时，他就紧张得浑身发抖。

为此他痛苦不已，曾想弄瞎双眼，也曾想轻生，真是感到生不如死。

妈妈要通过亲子之间的对话，让孩子正确认识各种情绪，说出自己心里此时此刻真实的感受，引导孩子表达自己的情绪，以及发现自己情绪的原因，教会孩子控制情绪的方法。

只有这样，才能让孩子把握自己的情绪，提高孩子的情绪敏感度。

》》建议三：立规则，不能让孩子任性

妈妈可以为孩子制订一些卫生、劳动等行为规则，要求他持之以恒地执行，这对孩子自制力的培养十分有益。

龙文军自制力很差，做事老是丢三落四，学习用品乱扔乱放，看电视没完没了，作业马马虎虎，弄得学习和生活都一团糟。

为此，妈妈决定通过规则和纪律，来帮龙文军拥有自制力。

妈妈和龙文军谈心："有人作息没有规律，损害身体，进而影响学习，甚至弄得心情很差。可见，不按时睡觉、起床的小毛病，也会造成严重的后果。"

龙文军说："我也想改正缺点，可就是控制不住自己。"

妈妈说："那就让规则来帮助你。"

通过讨论，妈妈和龙文军签下暑期规则：每天只吃一次冷饮；每天看半小时动画片；做完一门功课，收拾好课本后再做另一门功课；晚上9点30分上床，背两个单词后熄灯；平时打篮球1小时，自己洗运动服。

规则不多，只有五条，但定了就坚决执行，不马虎不迁就，更不允许任性

骄横、为所欲为。暑假两个月的时间，龙文军的自制力进步神速。

必须注意的是，这种行为准则不能过度、过于详细，否则会损害孩子的独立性。孩子过于"听话"，不利于他的成长，这样的孩子往往缺乏创造性和开拓性。

妈妈只要抓住主要问题就可以了，待孩子慢慢长大后，再注重社会道德规范和社会责任等方面的教育。

对孩子适用的规则，妈妈应该认真掌握和坚持，不能朝令夕改，使孩子无所适从。这样也就难以培养孩子的自制能力了。

➤➤ 建议四：教孩子学会自我反省

自我反省的能力，是人们的一种内在人格智力，是认识自我、完善自我、不断进步的前提条件。

会自我反省的孩子，能够反思和内省自己的言行，能置身事外观察自我的状态，因此，能换位思考妈妈的感受。所以，一般来说，会自我反省的孩子都是听话的好孩子。

薛洋的妈妈发现，儿子出什么差错都不反思自己的问题，总是责怪别人，于是想，应该让孩子学会承担起自己的责任。

有一次，薛洋要在周六去参加学校的奥林匹克数学比赛。平时，薛洋的数学成绩非常好，而且又善于动脑筋，这次比赛取胜的可能性很大。

周五晚上，薛洋像平常一样，放学回家后就跟同学踢球去了，然后看电视、读课外书，一直到11点才睡。

周六薛洋每次都要睡到9点多才起床的。这个周六，妈妈硬着心肠不叫他，结果，儿子果然到9点才睡醒。

等薛洋赶到学校的时候，考试已经开始了。由于他迟到了快一个小时，考试成绩可想而知。

薛洋回家后非常沮丧，责怪妈妈没有叫他早点起床，使他在这次考试中失利了。

妈妈却对他说："儿子，你明明知道周六要去参赛，为什么不早点睡？妈妈周六要去加班的时候，有没有要求你来叫醒我？你做事情总习惯别人提醒。但是，别人是不可能一辈子提醒你的，你要学会自己提醒自己，做错事情后自己反省自己的错误！"

从此以后，薛洋做错事就会进行自我反省。只要他错了一次，以后就很少再犯同样的错误。

孩子是否具有自我反省的能力，跟妈妈和长辈的引导和教育直接相关。

教育专家指出，孩子到了一定年龄，都会有一定的判断能力，可以简单判断好坏，并且也有一定的自尊心和羞耻感。

如果做错了事，他们一定会感到羞愧，只是不同的孩子羞愧的程度不同而已。问题是妈妈怎样启发他们的自尊心、羞耻感，进而使他们学会反省，并下决心改正。

第七章

提高情商，引导孩子学会控制情绪

　　随着未来社会的多元化和融合度日益提高，较高的情商将有助于一个人获得成功。情商高的孩子会有很好的自我认知能力；积极探索，从探索中建立自信心；对自我情绪的控制、抗挫折能力强；喜欢与人交往，愿意分享、合作，为日后成功做准备。

　　父母一定要重视培养孩子的情商，对孩子进行情商方面的训练，教会孩子能够控制自己的情绪，做情绪的主人。

提高孩子的情商

【教子现场】

陈黎明是一个 16 岁的高中生，从小家庭条件优越，学习也很出色，妈妈认为他是上清华北大的料，因此更加努力培养他。

陈黎明上高中后，随着青春情感的萌动，谈了一个女朋友，但不久这个女孩要跟他分手，陈黎明立刻崩溃了。

因为从小到大，妈妈都很宠爱他，给他提供优越的条件，他的学习也很顺利，从来没有遭受过挫折打击，这次失恋，让他一下子垮掉了，并影响到他正常的生活和学习。

他从此不去上学了，天天待在家里，一个人躲在房间里不见人，也不跟别人玩。偶尔出去，他看到大树会抱一下、亲一下。

妈妈认为孩子有严重的心理问题，就把他带到精神科去看，而且拿了治疗精神疾病的药物。

妈妈的行为对孩子的心灵造成了严重的创伤。后来经过心理专家的辅导，陈黎明说："我其实什么都明白，就是觉得妈妈给的太多了，我承受不起。"

"我想要有自己的空间，妈妈放手一段时间，让我自己慢慢从悲伤的情绪中走出来。我是可以自己走出来的。"陈黎明诚恳地对妈妈说。

【案例解析】

在现代社会，情商在人生发展的过程中，起着非常重要的作用。

情商可以从两个方面来评价，一方面是关于人的情感，一个人爱别人的能力和接受别人爱的能力；另一方面，是一个人的意志力，表现在做一件事情的过程中，遇到困难、挫折，是否有足够的信心和耐力，让自己克服重重困难，最终达到既定的目标。

妈妈不仅要关心孩子的饮食和学习，更要关心他的学习、生活是不是幸福和愉快，关注孩子的心理感受，关心孩子的精神成长。

即使因故不能跟孩子在一起，如孩子住校，或妈妈出差在外等，也可以经常保持电话联系，询问孩子最近的心情是不是很好，而不仅仅关心他是否吃得好，住得好，分数有多高。

有效培养孩子情商的年龄阶段，是 3～12 岁。

3 岁之前的孩子是感性思维，脑子里面没有道理、逻辑的概念。3 岁以后，妈妈就可以用一些理性的东西引导孩子，给他讲讲道理，告诉他这样做是对的，那样做是不对的等。

孩子 12 岁以后进入青春期，叛逆心理比较严重。这个时期，妈妈要自觉调整自己的角色定位，变成孩子的朋友。

妈妈和孩子交朋友，让孩子和妈妈无话不谈，孩子的情感问题能得到及时疏通，困惑得到及时解决，孩子人生的道路会更加顺畅。

【给妈妈的教子妙方】

≫ 建议一：让孩子学会爱

妈妈要十分用心地告诉孩子："妈妈是很爱你的。"孩子感受到这些，就容易接受别人的爱和爱别人，因为他有了足够的力量去面对朋友，面对人生。

小安喜欢打人，揪女同学的辫子，上课起哄等。老师向他的妈妈反映了很多次，妈妈也经常教训他，可是没有什么效果。

无奈之下，妈妈向一位心理专家咨询。专家了解到，由于妈妈工作忙，小安从小跟爷爷奶奶长大，在童年时没有得到妈妈足够的关爱。

上学后，他来到妈妈身边，一直表现得比较叛逆，经常跟妈妈顶撞，在学校里也总是惹是生非。

心理专家告诉小安的妈妈，孩子是因为在家里获得的关注和爱不够，所以通过一些过激的行为来吸引妈妈的注意。

妈妈平时一定要多跟孩子沟通，让孩子感到妈妈是爱他、关心他的，这样就会减少他的过激行为，变成懂事的好孩子。

孩子最初的人生信心和力量，首先来自于妈妈。孩子打人或不爱跟别人交往，就是因为他不具备爱别人和接受别人的爱的能力，而这种能力，是在和他人互动的过程中形成的。

所以妈妈每天工作再忙，也要花时间跟孩子在一起；即使没有很多时间和孩子在一起，也要有效地利用跟孩子在一起的时间，让孩子充分感受到妈妈对他的爱。

▶▶ 建议二：让孩子学会承受

独生子女的心智状态，总是以自我为中心。他认为妈妈、长辈对自己的爱与呵护，都是理所当然的。

妈妈应该告诉孩子，要想让别人爱自己，就必须学会爱别人。爱需要双向交流，才能长久、深厚。

小环是个调皮的孩子，这天，他在玩耍中不小心受伤了，右腿骨折。妈妈带他来到医院，医生给他打了石膏，让他回家好好休息，不能乱动。

这下小环可难受死了。他烦躁不安，可又不敢动，就对着妈妈大吼大叫。

妈妈每天精心给他做了可口的饭菜，他动不动就说不好吃，甚至把饭菜倒在地上。妈妈知道是孩子心情不好，所以处处迁就他。

可是妈妈越忍让，小环越变本加厉。

孩子遇到困难、挫折的时候，是锻炼情商的最好时机。

妈妈要告诉孩子，人生总有一些目标是达不成、实现不了的，人也总会遇到挫折、不如意，有些事情不能按照预期的目标发展。在这种情况下，首先要勇敢地面对现实，静下心来，仔细分析现在的状况，找到解决问题的方法，这样才能变不利为有利，实现自身的发展。

>> 建议三：给孩子适当的心理干预

"孩儿脸，变三遍"，孩子的情绪通常转换很快，如果孩子受到挫折了，或者跟其他小朋友有一些不愉快，也许正哭着，突然看到好东西，含着眼泪就会笑出来，这是正常的现象。

如果孩子沉浸在某种情绪中，久久不能出来，一连几天甚至一两个星期，这样就必须引起妈妈的注意，要适当做一些心理干预，把孩子从负面、不愉快的情绪中拉出来。

就像身体生病，需要吃药、打针一样，每个人的心理也会生病，存在各种心理问题。妈妈可以找心理咨询师进行咨询，及时采取措施，帮孩子梳理心理障碍，让孩子的人生道路更通畅。

>> 建议四：多关注孩子的情感需求

孩子处于焦虑时期，更需要情感上的关注和呵护。孩子遇到困难和挫折时，妈妈不要对他们过于责备和苛求，更不要只从物质方面对他们进行补偿。

妈妈要更多地关注孩子的情感需求，多给他们一些鼓励和支持，告诉他们，妈妈始终都相信他们，一切困难都会过去的。

了解孩子的情绪表达特点

【教子现场】

李放今年 5 岁。最近几天，他一直闷闷不乐，心情很糟糕，像个小大人一样，总在自己的屋子里走来走去，沉默无语，连最喜欢的小汽车也几天没碰了。

但他比较听话、顺从，让他吃饭就吃饭，让他睡觉就睡觉，因此妈妈也没有留心他的异常。

妈妈去幼儿园接李放，老师告诉她一件事：李放今天突然在教室里大吼了一声，大家都吓了一跳。

老师问妈妈，孩子最近是不是受什么刺激了？妈妈仔细回想说："他这几天好像是不太高兴。"

妈妈回家后，委婉地询问儿子，才明白事情原委：原来他的一个朋友小兵不理他了。李放和小兵是好朋友，可最近小兵和强强特别好，不理他了，这让李放特别难受。

妈妈恍然大悟，自己没留心，原来儿子的友情告急了。妈妈赶紧开导他。

【案例解析】

孩子也会被各种情绪所困扰，妈妈不能忽略了他们的心情变化。

儿童心理学家说，孩提时代，孩子比成人更容易精神抑郁。因此，理解孩子的情绪表达方式，是妈妈的必修课。

一位儿童行为学家发现，一个4岁左右的孩子心情不好时，会出现懒散、嗜睡的现象。此时，他对任何事情都兴趣不高，严重时还会突然对周围的人或东西痛斥、猛击。

孩子有丰富的感情世界，表面上大大咧咧，内心却十分脆弱，很容易受到伤害。

孩子不像大人，他们不擅长通过语言、哭泣等来表达自己。孩子体内的睾丸素，让他们更喜欢通过运动、打斗等剧烈的身体活动来发泄情绪。

孩子也时常用伤害自己的方式(如用头撞墙等)，来表达激烈的情绪。

大多数情况下，妈妈常忽略了孩子的情绪，只是觉得孩子沉默了，闷闷不乐，做事情没兴趣，误认为孩子就是这个样子。

许多孩子在被忽视中，变得自卑、脾气古怪、暴躁，而妈妈却不知道原因何在。

妈妈不了解孩子情绪表达的方式，就无法真正走入孩子的世界。

【给妈妈的教子妙方】

>> 建议一：了解孩子的沉默

孩子不善于用语言表达情绪。孩子开始沉默，就表示他的情绪有波动了。妈妈要用心观察，别让孩子被负面情绪所包围。

林涛性格开朗、成绩优异，马上要选新的班委了，林涛想竞选班长，可班主任却钦点了一个比他成绩差的同学当了班长。

这天他回到家，一句话也没说，就直接躲进了屋子。妈妈回家后，发现儿子沉默寡言，马上过来亲切地询问他。

聊天中，妈妈知道了事情的经过，就对他说："班委竞选应该民主投票，老师这么做不对。你别为此难过了，妈妈相信你的实力。"

林涛向妈妈陈述了自己内心的愤怒、委屈，妈妈用心倾听着，不时地开导他。

林涛聊完天后，心情平静了，不再计较，还是用心、快乐地学习。

孩子的情绪表达中，有一种方式叫沉默。妈妈不要因为工作忙忽略这个细节，及时给予孩子关注和引导，就可以将孩子的坏情绪早日驱除，让孩子重新快乐地生活。

>> 建议二：理解孩子的大喊、大叫、发脾气

孩子喜欢用大喊、大叫、发脾气等方式来发泄情绪。

如果孩子又在发飙，妈妈别生气，更别在此时训斥、制止他，让他好好地发泄一回，过后再和声细语地与孩子谈心，会达到更好的教育效果。

今天有一场重要的篮球赛，江鹏飞十分兴奋，走路时都是跳着走，他想好好大战一场。

可是，下楼梯时，他激动地一跃而下，结果一下子扭伤了脚。江鹏飞的心情顿时从顶点降到了冰点，他又气又恼，狠狠地用拳头砸墙。

放学后，江鹏飞失落地回家了，妈妈看见他脚扭伤了，赶紧问："哎呀，你打球不小心扭伤脚啦？"

江鹏飞听到打球二字，大吼一声，冲进了屋子。妈妈吓了一跳，听到儿子在屋里还大叫了几声。妈妈没有打扰，知道他肯定遇到烦心事了，就让他发泄一下吧。

孩子体内的睾丸素，让他们在受到刺激时，比成人更易怒，更需要发泄。

孩子更爱用身体的冲撞、大喊、大叫、发脾气等来发泄情绪，妈妈别害怕，也别去批评、制止孩子发"疯"，让他自由地发泄吧，发泄过后，孩子就可以找回内心的平静。

>> **建议三：允许孩子哭泣**

　　孩子小时候因为伤痛哭泣时，妈妈别责备他，不要对他们说一些"做人要勇敢，不能哭"之类的话。

　　孩子哭泣了，说明他的情感处于最脆弱、最需要安慰的时刻，此时妈妈要允许他哭泣。

　　罗国松一进门就哭了，他对妈妈说："我被狗咬了一口啊。"说完就呜呜地哭了起来。

　　妈妈赶紧帮他把伤口消毒，并对他说："你别紧张，妈妈来帮你。我们赶紧去打针。"在去医院的路上，罗国松的眼泪没有停。

　　到了医院，医生说："没事，这是小问题，按时打针就没事了。"

　　罗国松听医生这么说，马上停止了哭泣，对医生说："我会按时来打针的。我不会死吧？"

　　医生笑了："怎么会呢？现在狂犬疫苗的效果很好，你及时采取了措施，不会有事的。"

　　罗国松原来怕自己会死，才一直哭。现在听医生这么说，他又露出了笑脸。

　　孩子和成人相比，行为的目的性更强。他向人哭诉，是希望对方能给予他真正的帮助，急切地想寻求解决问题的方法，并不只是想获得心理上的安慰。

　　妈妈应该及时给予他帮助，让孩子顺利渡过难关。

教孩子学会自我心灵减压

【教子现场】

　　姜炎是初三的学生，成绩一直都很好。妈妈认为孩子一定能够考取重点高中，于是在亲戚面前夸儿子成绩优良，对邻居吹嘘孩子一定会被重点高中录取等。

　　妈妈的这些话，让姜炎亲耳听到，他的压力陡然增大。

　　他认为，自己没有百分之百的把握能够考上重点高中，可现在妈妈把话放了出去，他考不上不仅自己没脸见人，也会使妈妈丢人。

　　姜炎不想看到这个结果，于是每晚都加班学习到深夜，但第二天早晨很疲劳，白天学习的效率很低，成绩因此下滑。

姜炎的心理压力更大了，尽可能挤出时间来学习，晚上总是到深夜十二点才睡，但摸底测验成绩一次不如一次。

姜炎十分焦虑，难以入眠，最后为了顾及面子，他放弃了参加中考。

【案例解析】

一个人心灵压力过大，就会精神紧张，心情沮丧，影响睡眠，降低做事情的效率，有时甚至因此导致一些身心疾病的产生，有害身体的健康不说，还会使当前正在做的事情变得越来越糟，阻碍前进的脚步，影响一个人的成功。

虽然说"有压力才有动力"，但这个压力一定要适度。

一个人感觉到压力的存在，就会努力奋斗，因此会比没有压力取更大的进步。

但如果心灵压力过大，导致睡眠障碍，影响快乐心情，出现身心疾病，这样的压力就不是动力，而是前进道路上的阻力了。

现在的孩子虽然养尊处优，生活方面都不用自己操心，但因为妈妈对自己学习上的期望过高，如上例中的姜炎妈妈那样，会令孩子觉得压力过大，以致成绩下降，造成恶果。

妈妈对孩子期望过高，是孩子压力过大的一个原因，同时现在社会竞争激烈，孩子成长过程中遇到许多困惑，这些都会在无形中增大孩子的心灵压力。

而孩子对自己认识不足，没有处世经验，不会缓解心灵压力，常会导致不好的结果。

所以，妈妈不要过高地要求孩子，要给孩子创造一个宽松和谐的家庭环境，减少来自家庭的压力。

另外，妈妈要经常与孩子谈心，了解其身心状况，一旦发现孩子心理压力过大，及时想办法帮助孩子缓解。

心灵压力是人们对外界刺激的一个主观体验，同样的不良事件，发生在不同的人身上，产生的压力也会不一样。

有着坚强意志品质的孩子，感觉到的压力就小，受到的影响就不会太大。因此，妈妈可以通过提高孩子的意志品质，来减轻孩子的压力。

【给妈妈的教子妙方】

建议一：不要给孩子过大压力

孩子的压力，很大一部分是来自妈妈。

如有的妈妈忽视孩子的实际能力，给孩子提出过高的要求；有的妈妈经常拿孩子的弱势与别的孩子的强势进行不正确的比较；有的妈妈平常对孩子的关爱少，批评、指责多，家庭关系紧张等，都会给孩子的心灵造成很大的压力。

因此，妈妈需要根据孩子的实际能力，制订一个合理的目标；平时要多关注孩子的进步，对孩子多夸奖、表扬；还要给孩子创造一个和谐的家庭环境等。

这些都可以减轻孩子的心灵压力，使孩子轻松地生活、学习。

建议二：时刻关注孩子的身心健康

平时，孩子遇到了挫折，有时候不会主动跟妈妈说，只是有一些不正常的行为、消极的情绪等。

这就需要妈妈时刻关注孩子的身心变化，一旦发现孩子有不良情绪产生，或者睡眠、吃饭等有不正常的反应，妈妈就要及时与孩子进行有效沟通，认真地倾听孩子的心声，让孩子说出事件的原委，以及内心的想法与感受。妈妈掌握了这些情况，才能有效地开导指点，从而帮助孩子解决问题，缓解孩子的心灵压力。

建议三：帮助孩子缓解压力

孩子因为没有经验，看问题不全面，很多时候会把不好的结果无限地夸大，从而使自己的心灵压力增大，此时，妈妈要想办法帮助孩子缓解过大的心灵压力。

张志娟的成绩在班里不错，她以为自己会被老师选中参加竞赛考试，因此提前把这件事情告诉了妈妈。

但是，班主任经过综合考虑，没有选张志娟参赛。星期天，被抽选的同学都去参加考试了，张志娟却躲在屋里哭泣，埋怨老师偏心，甚至不想再去上学。

妈妈知道当天是参加竞赛的日期，看女儿躲在屋里，知道她心情不好，于是拿着画架，带女儿去郊外写生，那是女儿最爱好的事情。

这样玩了一天，张志娟的心灵压力得到了有效缓解。

孩子压力过大、心情郁闷时，妈妈可以让孩子做自己感兴趣的事情，像张志娟的妈妈那样。这样孩子转移了注意力，心灵压力自然就会得到缓解。

妈妈也可以带着孩子锻炼身体，让孩子找朋友倾诉等。这些方式也能够减轻孩子的心灵压力，帮助孩子快速地走出消极的情绪。

建议四：教孩子学会勇敢地面对挫折

每个人的生活都不可能一帆风顺，谁都会遇到这样那样的挫折，经受大大小小的困难。

如果孩子见了困难就退缩，遭受挫折就害怕，那么时刻都会受到心灵压力的煎熬。如果遇到挫折承受不了打击，挫折没有来临时就害怕它到来，会身心疲惫，对健康十分不利。

赵群从小被妈妈娇生惯养，虽然现在已经上小学三年级了，但什么事情都不会做，事事依赖妈妈。

他对自己没有信心，遇到点挫折就害怕、退缩，心中时刻存在着无形的压力，这严重影响了他的生活、学习。

妈妈看在眼里，急在心中，经常鼓励儿子不管面对任何事情，都要勇敢尝试。

为了训练孩子，妈妈有次故意不去学校接赵群，让他自己回家。结果赵群犹豫了很长时间，最终自己回到了家。

妈妈夸奖他勇敢，赵群也体验到了战胜挫折的喜悦，从此开始勇敢地面对挫折。

俗话说："困难像弹簧，你弱它就强。"妈妈要让孩子明白这句话的意思，引领孩子亲身体验一下战胜挫折的快感，从而帮助孩子学会勇敢地面对挫折、困难。

建议五：指导孩子把压力变为动力

同样的挫折，一样的困难，有的人就会把它看成巨大的障碍，因此心理压力过大，情绪消极，无法安心做事，结果以失败告终；而有的人面对这些挫折与困难，虽然心理也有压力，但能把这种压力变为前进的动力，因此积极奋斗，

努力克服困难，最终获得成功。

所以，当孩子遇到了不如意之事，妈妈要让孩子看到这些挫折的有利一面，不要被困难吓倒，并且指导孩子把压力变为动力，激励孩子奋发向上。

这样既能缓解孩子的心灵压力，又能促使孩子前进，从而帮助孩子走向成功。

引导孩子合理宣泄不良情绪

【教子现场】

赵敏是个高三的孩子，她家里不富裕，为了让她接受更好的教育，妈妈背负着很重的经济压力。

赵敏也是个非常懂事的孩子，她勤奋认真，成绩一直很好。可是随着高考的临近，赵敏的心理压力也越来越大。

她不再像高一高二那样，能够轻松自如地面对学习和考试了。她经常想："如果高考失败会怎么样？"因此，她的成绩总是忽上忽下，一点儿也不稳定。

她每两周回一次家，从表面看起来，赵敏好像还是那么坦然和乐观，根本不需要任何考前的心理辅导或者宣泄，可是成绩说明了一切。

她不是真的能够坦然轻松地面对高考，而是在掩饰和隐藏自己。

她在日记里写道，"马上就要高考了，亲爱的妈妈，我真的好害怕，害怕自己会让你失望，我该怎么办？我每天不敢想高考，只是拼命地学习，可是成绩依旧那么不稳定。"

没有人知道她内心的想法，她也不与同学们交流，一直压抑着自己的情绪，学习效果就一直不稳定。

【案例解析】

现代社会，生活压力与日俱增，孩子也同样面对着很大的压力。在孩子追梦的过程中，并不是一帆风顺的，他们随时面临着失败和挫折的打击。

由于教育资源的紧缺，为了获得更好的教育机会，孩子们从背上书包的那一刻开始，就同时背负着巨大的升学压力。

为了将来进入更好的中学和大学，孩子要努力参加各种竞赛、课外辅导班，提高自身的竞争力。中考、高考，这些在某种程度上决定个人命运的考试，让孩子不堪其重。

有些孩子家庭不富裕，甚至在沉重的学业负担之余，还要为经济情况而忧心。

沉重的压力、不可预知的失败与挫折、有限的心理承受能力，决定着孩子必须学会合理地宣泄，把这些压力和消极情绪，从人生的行囊中丢弃，轻松地迎接未来的风雨。

一个不懂得合理宣泄的孩子，很可能走上两种极端：一种是直接宣布投降；另一种是不面对现实，消极逃避。

第一种极端妈妈容易发觉，也可以及时采取措施对孩子进行引导和教育；而对于第二种极端，不容易为妈妈发觉，很可能导致最终的失败。

合理的宣泄，可以让孩子身心得到放松，避免心理承受过重的压力而崩溃。

过大的压力和打击带来的消极情绪，长期堆积在心里，得不到有效的宣泄，将严重影响孩子的心理健康，并最终危害孩子的身体。

而那些采用逃避的方式来掩饰和隐藏情绪的孩子，则很有可能在遇到任何事情都选择逃避，形成不良的行为习惯，最终一事无成。

合理的宣泄，是指在不影响他人和自己正常生活的情况下，宣泄自己心中的苦闷、悲观、害怕失败等负面情绪。

这种宣泄不会带给他人危害，也不会影响孩子的正常学习和生活，却对孩子有良好的效果。因此，妈妈应该引导孩子进行合理的宣泄。

【给妈妈的教子妙方】

≫ 建议一：指导孩子正视现实

正视现实是宣泄情绪的开始，如果孩子不愿意正视现实，那么所有的放松和减压的方式都不会产生良好的效果。

12岁的夏江正在读小学六年级，他的学习一直很好。马上面临小升初考试了，妈妈发现孩子比平常表现得更加乐观自信，只是他的成绩却变得非常不稳定。

妈妈听说利用游戏可以缓解孩子的压力，便常带他去游乐园玩。孩子每次都玩得很开心，也不提考试，可是他的成绩依旧忽上忽下。

马上面临重大的考试或者遭受失败的打击了，孩子却对考试或失败只字不提，妈妈们应该警惕了，他们正在逃避。

在这种情况下，妈妈应该主动跟他们谈论考试和失败，引导他们正视现实。

》》 建议二：利用游戏进行放松

游戏是一种很好的宣泄方法，在游戏中孩子能够尽情地玩乐，身心得到很好的放松，会慢慢地减轻自己心理的压力，或者放下失败和挫折带来的负面情绪。

孩子遇到失败或者正在面临人生的重大考验时，妈妈在他们正视压力和失败的前提下，可以带孩子去游乐园玩游戏，进行合理的宣泄。

在玩游戏的过程中，如果得到恐惧、痛苦或者惊险的内在体验，很容易让孩子产生一种内在的满足感和愉悦感，觉得其实失败和压力都不算什么。

>> 建议三：让孩子尽情倾诉

倾诉也是一种非常好的宣泄方式。孩子通过倾诉，把自己内心的感受、体验说出来后，会感到非常轻松与愉悦。

倾诉有很多种方式，可以向妈妈、朋友倾诉，也可以自己一个人自言自语地倾诉，或者写日记倾诉。一般对别人倾诉效果更好一些。

妈妈应该及时觉察孩子的情绪变化。孩子遇到失败或者压力时，要抓住机会让孩子尽情地倾诉。

例如孩子一个人发呆的时候，说明他的心理非常矛盾，妈妈可以走过去跟他聊聊天，引导他进行倾诉。

>> 建议四：引导孩子学会合理宣泄

压力和失败都会带来负面、消极的情绪体验，这是很正常的现象，如果这种情绪不能得到有效、及时的宣泄，很可能导致更加严重的后果。

小倩跳舞非常好，得过很多奖励。可是上次由老师推荐去参加的市级舞蹈比赛中，她却不幸败北。从赛场回来，她就不发一言。

妈妈心疼地搂着她，让她大哭一场，说："现在只有妈妈在你身边了，你就好好地发泄吧。"

小倩强忍着的泪水终于像决堤的洪水一样顺着脸颊流了下来。哭完后，她又恢复了正常的舞蹈训练。

孩子受到各种消极、负面情绪的困扰时，例如考试不理想等，妈妈可以拥抱着孩子，让他在家里大声地哭泣，或者去一个空旷的地方大吼几声。

这些方式可以使孩子很好地宣泄自己的情绪，从而回到正常的学习和生活状态。

换个角度想问题，让孩子克服消极心理

【教子现场】

上初一的果果是班里的学习委员，学习成绩一直不错，每次考试都是优秀，是妈妈眼里的好孩子。

但是前段时间她得了场大病，落下了不少功课。她害怕考试时考不出好成绩，为此吃不下饭、睡不好觉，还常常唉声叹气。

考试成绩出来了，果果的成绩确实下降了。她受到了沉重打击，变得沉默寡言、精神委靡，害怕与老师和同学见面。

她辞掉了学习委员的职务，还经常逃课。

【案例解析】

青春期的孩子，面临着生理上和心理上的急剧变化，往往缺乏调整自己情绪的好方法，因此产生抑郁的情绪。

孩子抑郁的情绪，多与在家庭环境中受到的压抑的教育、与妈妈关系不和谐、过多的压力等有关，常常表现为精神恍惚、疑虑重重、心情不好、自我封闭等。

调查显示，全世界每40秒就会有1人死亡，其中抑郁患者约占70%。在这些有抑郁倾向的人中，15%～20%最终会选择用自杀的方式结束人生，这给社会带来很大的隐患。

孩子出现抑郁情绪的年龄，主要是2岁前后以及青春期。如果得不到及时有效的矫正，会影响孩子的身心健康，影响孩子的成绩和步入社会后的表现。

抑郁症对孩子的危害程度不一样，但是即使轻微的抑郁，也会给孩子的生活和学习带来危害，严重的可能连基本的自理也做不到。

妈妈对孩子的期望过高、对孩子的管教过严，超过孩子所能承受的范围，孩子无法承受，从而会导致情绪不佳，思想闭塞，情绪压抑，无法发泄自己的情绪。

另外，家庭中气氛不融洽或者有重大变故等，也会引起孩子的抑郁。

对于妈妈来说，要留心孩子的表现及心理变化，采取提前预防的措施，一旦发现孩子有抑郁的症状，就要及时给予引导和帮助，严重的要向专业的医生求助。

同时，妈妈要和孩子保持良好的沟通，努力营造和谐的家庭环境，让孩子保持健康快乐的情绪，自然就会远离抑郁了。

【给妈妈的教子妙方】

>> **建议一：让孩子在充满爱的家庭中成长**

家庭是孩子的第一生活环境，也是孩子心灵的港湾。和谐温暖的家庭氛围，是孩子健康成长的动力。

妈妈要注意观察孩子的情绪变化，及时和孩子沟通。孩子体验到了家庭的温暖和安全感，就会自觉地排解消极的情绪了。

王小琴今年上五年级了，以前是个活泼开朗的孩子，但是现在却变得闷闷不乐。这和家里最近发生的事情有关。

她的父母感情一直不好，整日吵吵闹闹，她似乎也习惯了这样的生活。可是这段时间，父母提出了很敏感的离婚话题。

有天晚上，他们又开始大吵大闹，还说要不是因为孩子，早就离婚了。他们说话时，丝毫不顾及王小琴的感受。

王小琴感觉自己是多余的，是父母的麻烦。她开始变得没精打采，学习成绩也直线下降。

父母之间的关系，会影响到孩子的情绪。父母之间亲密和谐、互敬互爱，孩子就会感到温馨和愉悦，心情也会随之开朗；如果父母关系不和谐，整日吵闹不休，会给孩子的心理造成压力和恐惧，影响孩子的身心健康。

所以妈妈要多为孩子考虑，让他在充满爱的家庭中成长。

>> **建议二：提高孩子的抗压能力**

生活、学习中的不顺利，也会让孩子承受很大的压力，精神上积累的压力，会让孩子对自己失去信心、忧心忡忡、抑郁苦闷等。

青春期的孩子心理承受能力不强，面对挫折和困难时，会因为缺乏正确的解决方法而导致情绪上的挫折感，进而产生抑郁情绪。

妈妈要有意识地培养孩子的抗压能力，让孩子充满自信地去面对各种困难和逆境，坦然地面对挑战，锻炼孩子坚强的意志力，进而提高孩子的抗压能力。

快乐孩子是这样养出来的

>> 建议三：鼓励孩子多交朋友

现在的孩子多是独生子女，和外界接触较少，往往没有朋友，这会让孩子的消极情绪得不到及时的排解。

鼓励孩子多交朋友，会让孩子觉得身心愉悦，既能联络彼此的感情，又能将自己的不愉快在和朋友的交往中得到合理的释放，有助于消极情绪的改善。

苏燕今年8岁了，可是她的朋友很少。妈妈平时工作忙，很少和她沟通，自己学习上和生活上的困惑都无处诉说。她心里很压抑，对别人有朋友很羡慕。

妈妈发现了女儿的情绪变化，并且得知女儿是因为没有朋友而苦恼时，就鼓励孩子敞开心扉去和别人交流，与人为善。

苏燕在妈妈的指导下，和班里的一个孩子建立了良好的友谊，放学后她们还一起做作业、一起玩。此后，苏燕的性格也开朗了不少。

妈妈要鼓励孩子多与同龄伙伴交往，教会孩子与他人融洽相处，可以经常邀请孩子的朋友来家里做客、玩游戏，孩子的心胸和视野开阔了，就可以克服抑郁的情绪。

释放孩子的委屈情绪

【教子现场】

一只花瓶"砰——"的一声碎了。妈妈过来一看，只见小梅呆立在那里，地上满是碎瓷片。

"你在这里捣什么乱？你乱动花瓶干什么？"妈妈斥责道。

"不是我弄碎的，是猫碰坏的！"说这话的时候，猫已经跑远了，它好像知道自己犯了错而躲出去了。

"错了就错了，还要怪到猫身上，它又没在这里，怎么弄的？"妈妈说。

"呜呜，真的不是我。"觉得很受委屈的小梅"哇——"地哭了！

"真的是猫打翻的？"妈妈怀疑道。

"嗯，我刚刚走到这儿时，它就从那边跳过来，刚好撞在花瓶上了。我想去救花瓶，但没来得及……"

"是这样的吗？"妈妈怀疑道。

"是的。然后，它就跑到厨房去了，我想它现在一定在害怕呢，因为它做了坏事。"小梅肯定地说。

妈妈仔细查看，果然发现了猫的脚印，知道自己的确错怪了小梅。

"小梅，对不起，妈妈错怪你了！"妈妈非常诚恳地说。

小梅睁大眼睛望着妈妈，停止了哭泣，并主动拿起扫帚，把地上的花瓶碎片打扫干净。

【案例解析】

人的情绪是需要适当地发泄的，这是一种心理防御的有效方法。孩子的心灵脆弱而敏感，他们非常在乎身边的人如妈妈、老师、伙伴对自己的态度和看法。

很多时候，一句无足轻重的话语，或者在做事时受到一点挫折，便会使他们感觉受了莫大的委屈。

妈妈要学会让孩子释放负面的心理能量。不管是建议还是意见，是牢骚还是委屈，宣泄出来，对于孩子化解矛盾、保持心态平衡有着不可低估的作用。

孩子受了委屈，妈妈首要做的是让孩子把委屈说出来。

有的孩子在学校受了委屈，由于年龄小，不会表达或者不敢表达，就倾向于不说，或者是想说又不知道该怎么说，这就有可能造成孩子长期的心理压力。

这时候，妈妈如果不细心，忽略孩子的情绪，那么这种委屈很可能会造成孩子的心理创伤，对孩子以后健康人格的形成造成影响。

所以，妈妈需要倾听孩子的委屈，引导孩子表达出来。

孩子的心理承受能力较差，也不会用大道理来为自己开脱。要孩子做到很快就调整好心态，豁然开朗显得太苛求。最直接的方法，就是将情绪发泄出来，这对他们的身心都有好处。

尽管有时孩子的方式有些过激，妈妈也应该给予充分的理解。妈妈需要做的不是阻止他们，更不是大发雷霆或使用暴力，而是让他们懂得用正确的方式发泄自己的情绪。

作为妈妈，要随时洞察孩子的情绪变化。当发现他情绪低落或反常时，要引导他找出一种好的发泄方式。

妈妈可以试着与孩子进行心与心的交流和疏导；可以带孩子到野外登山或进行较激烈的体育活动，让他的情绪得以释放；或是主动离家一天，让他邀请好友们来家开个聚会，任凭他们扯着变调的嗓子唱卡拉 OK，或疯狂地扭一扭迪斯科……

妈妈会发现，孩子并不会滥用这个自由。相反，妈妈的理解拉近了和孩子之间的距离，彼此相处会更和睦、更愉快。

妈妈要有冷静的态度，及时消除误会，释放孩子的委屈，使孩子感到自己不是孤单的。

妈妈还要使孩子在化解"委屈"的过程中，慢慢学会自己判断、思考，培养遇事冷静的健康心态。

妈妈要帮助孩子疏导消极情绪，使孩子宣泄心中的委屈，达到心理平衡，心情重新变得快乐起来。

【给妈妈的教子妙方】

▶▶ 建议一：让孩子把所受的委屈宣泄出来

当孩子觉得委屈的时候，妈妈要及时了解他们委屈的原因，不要掺杂自己的主观臆测，或与孩子一起埋怨，而应让他们的委屈情绪得到释放。

妈妈要想法分散孩子的注意力，转移孩子对"委屈"的关注度，引导孩子的情绪朝向乐观、健康的方向转变，这样才能让他们形成正常的人格。

妈妈应采取接纳的态度，应对孩子的负面情绪。当孩子受委屈时，能够将不快宣泄出来，是件好事。

此时，只要孩子的言行不是太过分，妈妈就应该接受、允许孩子适度地发泄，之后再好好地去安慰孩子，设法使孩子的情绪渐渐平复下来。

但是，安抚孩子不是无条件地顺从孩子。妈妈毫无原则地一味迁就孩子，是不能真正解决问题的。

▶▶ 建议二：让孩子主动述说事情的经过

等孩子的情绪平静后，妈妈可让孩子述说事情的来龙去脉。值得注意的是，一定要让孩子主动述说。

当他们提及自己的感受时，妈妈要鼓励其说出为什么会有这样的感受。

妈妈仔细聆听后，应心平气和地从其他人的角度设几个问题问孩子，引导孩子学会从他人的角度看问题。

▶▶ 建议三：提高孩子的心理成熟度

心理成熟度差的孩子，不太容易适应不断变化的环境，也不太容易形成良好的自我控制，从而在人际关系和心理健康中，更容易出现问题。

因此，妈妈要注意提高孩子的心理成熟度，而不是一味地觉得自己委屈。

要让孩子学会合理调节自己的情绪，更加成熟地处理事情。

平息孩子的愤怒情绪

【教子现场】

刘巍然今年上初一。在家中，他受到长辈们的溺爱，养成了以自我为中心的习性。

如他与同学发生纠葛，他总是指责并强调别人的错误，而看不到或不愿意承认自身的缺点。

因此，他与同学之间很容易发生矛盾。

这天中午，由于打扫卫生的原因，刘巍然的座位被挤得很小。刘巍然觉得很委屈，便对身后的张顺埋怨说："你把桌子拉一下嘛！我都没位置了！"

可张顺听了刘巍然的话，冷冷地说："不高兴！"

刘巍然一听，马上来气，便走出位置，亲手拉张顺的课桌。

不料，拉得过猛，桌脚碰到了张顺的小腿。张顺不依不饶，站起身便要打刘巍然。刘巍然见势也不甘示弱，两人便扭打成一团。

扭打中，课桌与人都翻了，课桌摔破了。此刻，他们才忽然明白了事情的严重性。

【案例解析】

愤怒是一种不良的情绪状态，小到烦躁不安，大到火冒三丈等。

古代有"怒伤肝、喜伤心、忧伤肺、思伤脾、恐伤肾"的说法。现代生理研究也表明，人在发怒时，会有一系列生理变化，如心跳加快、胆汁增多、呼吸紧迫，甚至全身发抖。

因此，愤怒对人健康的不利是显而易见的。

发怒是人正常的情绪体验。愤怒的导火线可能来自外部因素，如与同学、老师、妈妈等的摩擦，或交通阻塞、上学迟到等；也可能来自于内部因素，如心中的烦恼，以及对创伤性事件的记忆等。

愤怒是人类所拥有的一种完全正常、健康的情绪。但是，如果完全无法控制愤怒，它就会引发出各种问题。

因为愤怒具有极大的破坏力，人在愤怒时，意志力会变得薄弱。判断力、理解力都会降低，理智和自制力容易丧失。

处理愤怒的方式有表达、压制和平息等。前两种有一定的负面影响，唯有平息，才是正确的处理方式。

因为心理学家认为：人的情绪不是由于某一事件直接引起的，而是因为经受了这一事件的人，对事件不正确的认知和评价，导致了愤怒等负面情绪的出现。

当孩子被愤怒的情绪包围时，妈妈不仅要从事情本身寻找原因，更要引导孩子，及时检查自己的态度，看看自己是否在用消极的态度评价所发生的事情。

让孩子认识到，愤怒对自己没有任何益处，平息自己的怒气，控制自己的攻击性情绪，不但可以赢得自爱，还可以提高自己的说服力。

这样，孩子无论在同伴面前还是在陌生人面前，都知道采取平和的态度，而不是轻易发火。

易怒，是一个人缺乏修养的表现。妈妈要让孩子知道，愤怒除了对自己身体有危害，还损害了人与人之间"和为贵"的相处之道。

对于同学之间及与妈妈、师长的分歧，只有通过心平气和的说理与沟通，才能达到解决问题的目的。

妈妈要使孩子学会自己镇定下来，不但要控制自己的外在行为，更要控制自己的内部反应。

如采取措施使心跳速度降低，缓解愤怒情绪，使它慢慢平息下去，一定会出现积极的、令人满意的结果。

【给妈妈的教子妙方】

≫ 建议一：提高孩子的情绪智商

当遭遇愤怒情绪时，妈妈要让孩子学会积极调整态度，转换策略，做一些有益于解决问题的事，而不是一味地去愤怒，更不要和对手来玩"愤怒比赛"。

要学会开导自己的情绪。不仅是闭嘴，而且要让倾听代替争吵，并试着去解决问题。

要避免发怒。当生活中遇到能引起人发怒的刺激时，应力求避开，眼不见、心不烦，这是自我保护性的抑制愤怒的方法。

妈妈应当提高孩子控制愤怒情绪的能力，千万别动不动就指责别人，喜怒无常。

提高孩子的情商，改掉这些坏毛病，使孩子成为一个容易接受别人和被别人接受的人，才能成长为对国家有用的人才。

▶▶ 建议二：让孩子进行放松训练

简单的放松训练，如深呼吸、想象放松等，都有助于舒缓愤怒的情绪。

如果孩子和某人的紧张关系，是由于暴躁脾气所造成的，那么练习放松技术是一个非常好的选择。

放松训练的具体操作步骤如下：深呼吸，全身放松；缓慢地念一个能让你放松的词，如"放松"、"别激动"等；一边放松身体，一边重复念词。

想象一个令人放松的经历，可以是亲历过的，也可以是想象出来的；也可练习瑜伽，放松自己的肌肉，使你觉得更加平静。

每天练习以上这些放松技巧，就能在情绪紧张的状态下很快地加以应用。

▶▶ 建议三：让孩子学会正视问题

有时候，孩子的愤怒是由于无法避免的问题造成的。这个问题，或许还没有找到解决的办法。这时候，愤怒是一种健康、自然的反应。

在这种情况下，孩子往往变得很沮丧。妈妈要引导孩子，对待它的最好态度是，不把全部注意力放在找寻解决的方法上，而是放在如何正视和处理问题上。

▶▶ 建议四：教孩子控制自己的声音

妈妈告诉孩子，提高声调是不能很好地控制自己的表现，大声喊叫是浪费自己的呼吸。

当对手大叫时，你降低说话的声音，并让声音越来越慢、越来越小，那么对方会在没有意识到的情况下，跟着你降低了声音，一场战火就会因此归于平静。

▶▶ 建议五：让孩子用倾听控制愤怒

愤怒会使人仓促地作出论断，而这些论断往往都是不客观的。

妈妈应该告诉孩子，在和别人争得面红耳赤时，不妨放慢速度，想想自己的反应，不要不加思考地去说跳入脑海的第一句话，应该认真地倾听对方的话，冷静思考一下自己想说的每一句话。

当遭到对方批评的时候，自己可以采取防御措施，但不要反击，要耐心地询问，慢慢地深呼吸，控制自己的愤怒情绪。

保持镇定、认真倾听，能防止事态变得更加严重。

▶▶ 建议六：培养孩子的幽默感

幽默有助于化解愤怒，使孩子内心变得平衡。妈妈可以教孩子，当某人使自己勃然大怒时，可以用某些词汇来描述他，然后运用想象把这些词汇画下来。

例如，如果觉得一个同学像垃圾袋或者单细胞生物，那么你可以画一个这样的形象坐在他的椅子上，或者在打电话等，面目就像自己的同学一样，栩栩如生。

画完之后，对着自己的"创作"笑一笑，愤怒情绪肯定会减弱不少。

正确对待过度敏感的孩子

【教子现场】

梁思萌今年16岁，是个特别敏感的孩子，朋友很少。她可以半个月不出门，只是生活在自己的世界里。

最近，她与班上的女同学关系不太好，起因只是别人在说话讨论时看着她，或者只是对她无意的一笑，她就感觉别人不喜欢她，并由此想到很多不开心的事情。

类似的事情还有很多，所以家人都很小心，害怕伤害到她。

如果有朋友说买了件新衣服，她就觉得那个人是在说她没钱，不买好的衣服。可事实上，她的名牌衣服有很多。

梁思萌的过度敏感，与家庭的影响有关。她8岁时父母离婚，而离婚之前他们经常打架。

梁思萌跟着妈妈生活，小时候妈妈对她要求很严格，让她练她不喜欢的小提琴，并常用体罚、打骂等粗暴方式教育她。这让她变得非常敏感、胆小、自闭。

【案例解析】

孩子的过度敏感，是对周围环境不信任的一种心理表现。

敏感的孩子对周围发生的事情，容易从消极的方面思考。他们表面上看来比较害羞、胆怯，内心却比较多疑。

这种心理特点，使他们在与他人交往的过程中，无法信任周围的人，有时还故意制造一些令人不快的事情，妨碍了正常的人际关系，也影响了孩子身心的健康发展。

专家认为，孩子的敏感有先天的因素，但更重要的是后天造成的。孩子敏感主要来自三个方面。

其一，生理原因。孩子对本身的相貌、身材，以及生理上的缺陷、疾病所带来的限制非常敏感，担心受到别人的歧视、嘲笑或议论，因而产生心理敏感。

其二，对以往过失敏感。以往的过失行为、问题行为，会造成孩子的心理敏感。

其三，家庭原因。处于离异家庭、寄养家庭、贫困家庭等不利家庭环境的孩子，承受缺乏关爱和经济贫困的双重压力，容易造成心理敏感。

孩子面对其他幸福家庭的孩子，会对自己的不幸产生强烈的不满甚至憎恨。他会害怕别人提起或蔑视自己的家庭，因此产生心理敏感。

过度敏感如不能得到及时的矫正，会给孩子带来心灵的伤害。心理过敏的孩子，在人际交往中表现出紧张、拘谨、躲避的心理状态，阻碍了交往的积极进行。

过度敏感，还会导致孩子人格缺失。心理敏感的人常常缺乏主体意识和主动精神，意志薄弱，自信心不足，心理上表现出孤独、抑郁、焦虑、惶惑不安和紧张等情绪。

这样的孩子会丧失自信，以致造成悲观失望等人格缺失特征。它还会造成孩子的自我伤害。

敏感心理容易产生内向性行为问题，如退缩、孤独不合群、猜疑报复、自责和自虐等。

因此，妈妈一定要关注孩子的心灵成长，给过度敏感的孩子更多的爱和呵护，让孩子尽早"脱敏"。

【给妈妈的教子妙方】

>> 建议一：增加与孩子的心灵沟通

对于敏感的孩子，妈妈一定要重视心灵的沟通。不要经常责备、打骂孩子，这会增加孩子的心理负担，造成孩子的情绪过分紧张。

重视情感和心灵的沟通，需要妈妈注重平时的点点滴滴。让孩子多与自己接触，通过谈话、活动等形式，加强与孩子的情感交流。

要让孩子知道妈妈对自己的爱，培养孩子与妈妈之间的信任感。这种情感的沟通，可以消除孩子与妈妈之间的误会，尽量避免孩子的无端猜疑。

妈妈不要以为孩子年龄小，不告诉孩子真相，就不会伤害孩子。其实孩子内心是很敏感的，一旦孩子被妈妈的行为所伤害，带来的可能是无穷的后患。

同时，妈妈要细心照顾和关心孩子，用自己真挚的爱心和实际行动，去化解孩子心中的疑虑，稳定孩子的情绪，让孩子逐渐开朗起来。

当然，这是一个长期的过程。只要妈妈切切实实地去做，孩子会感受到妈妈的爱，会增加对妈妈的信任，进而增加对他人的信任。

>> 建议二：避免意外事件对孩子造成影响

一般来说，重大的意外事件，容易对孩子造成负面影响，使孩子变得敏感而多疑。比如，父母离异、失去亲人等重大变故，对孩子的打击是非常大的。

孩子由于心理承受能力比较弱，往往无法承受如此大的打击，从而留下巨大的心理创伤。

因此，妈妈应尽量维持温馨和睦的家庭氛围，避免意外事件对孩子造成不良的影响，使孩子的身心在健康的环境中得到良好的发展。

如有不可避免的事情要发生，最好提早和孩子沟通。让孩子做好充分的心理准备，减少突发事件对孩子的负面影响。

要把自己的事情告诉孩子，这是尊重孩子、信任孩子的表现。孩子也能从妈妈的身上汲取前进的动力，建立起自己的自信，一步步迈向踏实的人生之路。

▶▶ 建议三：让孩子发现优点，悦纳自我

心理过敏的孩子，往往忽视自身的优点，夸大自身的弱点，看不到自身的价值。

妈妈应加强对孩子自我认知的教育，让孩子学会辩证地对待自己、悦纳自我，学会既欣赏自己的优点和长处，又接纳自己的缺点和弱势，学会扬长避短，才能发展健全的自我。

▶▶ 建议四：让孩子建立自信，完善自我

妈妈要让心理敏感的孩子多方面发展、完善，以实现自己的人生价值。

孩子的自尊心不是凭空产生的，而是在实践活动中，通过其行为表现，得到大家的肯定和认同，进而转变为自我肯定和自我认同的。

心理敏感的孩子，要积极投身于社会实践，与人为善，勤奋求学，发展特长，在活动中展示自己的能力和才华。孩子只有获得了成就感，才能满足尊重感，从而获得自信心。

▶▶ 建议五：鼓励孩子广交朋友，开放自我

孩子处于成长发展的关键时期，主体意识觉醒，独立意识增强，渴望获得友谊，具有极强的归属感。同辈群体的支撑，对其社会化的顺利发展有着非常重要的作用。

心理敏感的孩子，应走出自我封闭，放弃顾影自怜，培养"乐群"个性，广交朋友，开放自我。

通过交朋友，孩子从中获得鼓励、信任、支持和安慰，满足其各种心理需要，同时学习他人的长处，调整自己的行为，从他人对自己的评价中，更好地认识自己。

这样，孩子才能培养正确的自我意识和个性，学会与人合作与相处。

>> 建议六：培养孩子的抗挫折能力

过于敏感的孩子，往往对妈妈的依赖性强，意志力薄弱，无法承受重大的挫折。

因此，妈妈在日常生活中，应该适当地对孩子进行挫折教育，让孩子承受一些小的挫折，并让孩子学会从挫折中站起来。

较小的挫折，孩子比较能够承受。在一次次的小挫折中，孩子的抗挫能力会得到提高，从而在面对较大的挫折时，也会理智地去面对，而不是无法接受、束手无策。

第八章

从心入手，转化孩子的问题行为

　　贪玩、逆反、慢性子、胆小、不合群、脾气暴躁、上课捣乱……很多父母被孩子诸多的行为问题困扰着，都想一劳永逸地解决孩子的各种问题。

　　其实，孩子的问题行为，大多与心理有直接关系。某一种问题行为的背后，往往隐藏着一种不健康的心理或情结。父母学习心理学方面的知识，使用心理学的方法，能够更加快捷地找到孩子问题行为的根源所在，以及制订更有效的解决方案。

耐心引导，让孩子不再说脏话

【教子现场】

谢军是一年级的小学生。他以前是个乖巧的孩子，可是自从上小学后，妈妈发现他竟然学会说脏话了。

这天，他没写完作业就看起了电视，妈妈让他去把作业写完再看，他却冲妈妈说："你神经病啊，没看见我在看电视啊。"妈妈很尴尬，但觉得这是孩子无心的话，就没当回事。

可是，谢军的脏话却越来越多。

一次，妈妈接他放学回家，路上看到一个人在哗众取宠地唱歌，这时，妈妈清晰地听到了从谢军的嘴里吐出的两个字的脏话。

回家后，妈妈打了谢军。谢军哭着说以后再也不说脏话了，可第二天，谢军的脏话还是照说不误。这让妈妈非常着急。

【案例解析】

孩子开口说话时，妈妈会感到很欣喜，但是没过多久，孩子就开始说脏话了，这让妈妈很头疼。面对成人说脏话，大家可以接受，可是从孩子嘴里说出脏话来，总觉得很刺耳。

在孩子的成长过程中，几乎都会出现说脏话的现象。年龄小的孩子说脏话，可能是出于对事物的好奇，但是对年龄大的孩子来说，说脏话就是不文明的品行问题了。

说脏话的孩子，往往缺乏基本的礼貌，留给他人恶劣的印象，被人们看成缺乏良好的家教和修养的人，也是孩子自身素质低下的表现。

出口成"脏"的孩子，往往得不到大家的欢迎，对孩子今后的发展和成功都会造成很大的影响。

孩子说脏话是有一定原因的。有的孩子意志薄弱，是非观念不强，对某人某事不满，就用说脏话的方式来发泄；有的孩子还觉得说脏话是很新鲜的事情，是自己长大了的表现；很多孩子是因为自我管理能力差，即使知道说脏话是错误的，可还是会说。

除此之外，妈妈对孩子的关心不够，孩子用说脏话来引起大人的关注；还有的孩子觉得只有说脏话才能和身边的朋友更好地交流等。

说脏话的习惯一旦形成，就很难克服，所以妈妈一定要及时制止孩子说脏话的苗头，仔细分析孩子说脏话的原因，引导和帮助他纠正说脏话的坏习惯。

【给妈妈的教子妙方】

➤➤ 建议一：净化孩子的语言环境

孩子喜欢模仿，并且自身辨别是非的能力很差，对于从周围环境中得到的语言，都不加取舍地拿来为己所用，就很容易从周围的人那里学到脏话。

妈妈要注意"以身作则"，不在孩子面前说脏话，还要慎重地为孩子选择电视节目，为孩子营造文明、礼貌的语言环境。

此外，妈妈还要为孩子选择文明的小伙伴，尽量避免孩子接触周围说脏话的语言环境。在一个文明礼貌的环境中，孩子会减少一些学习脏话的机会。

妈妈净化孩子的语言环境，才能切断孩子说脏话的途径和来源。

➤➤ 建议二：教给孩子正确的是非观

孩子对于说脏话的行为，大多没有正确的认识，意识不到这是错误的行为。

妈妈要为孩子传输正确的是非观念，在日常生活中，抓住每一个能提高孩子判断是非的机会，帮助孩子树立正确的是非观，让孩子从思想上远离脏话的侵蚀。

陈贝今年3岁了，是个很讨人喜欢的孩子。

这天，全家人在一起看电视时，妈妈听到孩子嘴里蹦出一句脏话。妈妈很吃惊，让他再说一遍，他竟然很大方地重复了一遍，完全没有害羞惭愧的表情。

妈妈发现，这正是电视上一个人刚说过的一句脏话。

妈妈教育陈贝说："这是一句不文明的话，所有的人都不喜欢听，好孩子是不能说这种话的。"然后又教给他换句话来表达相同的意思。

陈贝听懂了妈妈的话，以后再也没有说过那样的脏话了。

孩子说的正确到位的话，妈妈要给予积极的鼓励和支持；孩子说的脏话，妈妈要给予严厉的批评和正确的指导。

妈妈通过正反两方面的教育，让孩子树立正确的是非观念，这样孩子在平时的言行中，就能够自觉地排斥周围的不良影响，形成良好的语言习惯。

>> 建议三：教给孩子表达情绪的正确方式

孩子想用说脏话的方式来发泄心中的不满时，妈妈要教给孩子正确的方式来表达自己的感情，而不要采取说脏话的方式。

妈妈要告诉孩子，说脏话不仅会伤害别人的感情，还会玷污自己的文明形象。

5岁的董森一直是个很懂礼貌的好孩子。

这个周末，妈妈看见他和很多孩子在楼下玩，一个小朋友不小心把沙子弄到他的眼睛里了，顿时他很生气，嘴里还嘟囔着难听的话。妈妈看他还要说个不停，就把他拉回了家。

妈妈帮他清理了眼里的沙子，还拿出他最喜欢的奥特曼来，让他暂时忘记刚才的不愉快。

等他的情绪平静下来，妈妈告诉董淼，不能像刚才那样讲脏话。董森意识到了自己的错误，他告诉妈妈，以后生气就回家玩奥特曼。

妈妈要教给孩子学会正确地表达自己的情绪。当别人触犯到自己的利益使自己生气时，首先可以告诉别人他的错误，也可以采取积极的心理暗示，或去做自己喜欢的事情等。

>> 建议四：及时纠正孩子的脏话

妈妈在教育孩子的时候，不要采取极端的打骂方式，而要采取循循善诱、因势利导的方法，让孩子的感情和妈妈产生共鸣，自觉地远离脏话。

妈妈要耐心地给孩子讲道理，告诉孩子说脏话是不文明的行为，既要让孩子明白妈妈的认真态度，又要教给孩子正确的语言表达方式。

如果妈妈暴躁地对孩子采取粗暴行为，孩子就会产生逆反心理，会用继续说脏话的方式来表达对妈妈教育方式的不满。

端正孩子认识，改变偷窃的不良行为

【教子现场】

赵定是远近闻名的小偷，前段时间刚被学校开除，以前的朋友也都因为他的偷窃行为和他划清了界限。

赵定上幼儿园的时候，有一次从幼儿园拿回了一本漫画书，妈妈问他为什么拿别人的东西，他说自己喜欢看漫画。

因为赵定的父母都是下岗工人，没有多余的钱来给孩子买书，也就没有说什么。从那之后，赵定经常拿别人的东西回家，妈妈对此却没有过多的评价。

上学后，他的偷窃行为变本加厉，他趁大家做课间操的时间，把同学们的书包都翻了个遍，看到自己喜欢的东西，就偷偷拿走。

老师意识到问题的严重性，苦口婆心地劝导他却没有作用，最后学校只好把他开除了。

【案例解析】

在孩子的成长过程中，总会经历这样或那样的过失行为，学龄前的孩子有偷窃的行为还不能称之为"偷"，只能算是一种行为过失，因为他们大脑中还不具备"偷"的概念。

偷窃行为，在孩子的早期表现得比较明显，在5~8岁时达到顶峰。因为这个年龄段的孩子，往往习惯以自我为中心，很难区分自己的东西和别人的东西的区别。

但是年龄大的孩子出现偷窃行为，就是品质问题了，需要引起妈妈的关注。通常小时候就存在偷窃行为的孩子，将来走向社会，会发展成为违法犯罪行为，给自身和社会造成损害。

上述案例中，如果赵定的妈妈没有纵容他的第一次偷窃行为，就不会出现后来他被学校开除的后果。

妈妈要了解孩子出现偷窃行为的具体原因：是孩子对物品归属权概念模糊，是用偷窃行为来满足自己的合理需求，还是没有得到妈妈的及时引导和教育等。

妈妈发现孩子的偷窃行为时，不要过于愤怒和夸大事实，更不能轻易给孩子贴上"小偷"的标签，但更不能对孩子的偷窃行为放任不管。

妈妈要分析孩子出现这种行为的原因，对症下药，一定把这种行为消灭在萌芽阶段。

【给妈妈的教子妙方】

≫ 建议一：为孩子树立良好的榜样

孩子出现偷窃行为，往往和妈妈的言行有关。不少孩子的妈妈爱占小便宜，不是从市场上多拿棵葱，就是从办公室里往家带回一个本子，还颇有成就感地给孩子展示。

孩子会把妈妈的行为看在眼里，并作为自己的行为准则。

所以，妈妈要在生活中以身作则，为孩子树立良好的榜样，以自身检点的行为，帮助孩子远离偷窃的泥潭。

≫ 建议二：教给孩子所有权观念

孩子缺乏正确的物品所有权观念，就会分不清自己的物品和他人的物品之间的差别，从而把别人的物品当成自己的。

他们通常也意识不到自己的行为属于偷窃行为。妈妈要在孩子小的时候，就为孩子做必要的指导，帮助孩子尽早建立起物品所有权的概念。

吕游今年5岁了，上幼儿园中班。他常常把自己捡到的东西上交给老师，受到老师的称赞。

他在3岁时，就接受了妈妈对他的物品所有权的教育。他知道什么东西是自己的，什么东西是别人的，别人的东西没有经过同意，是不能随便乱动的。

妈妈还将他的毛巾、牙缸、脸盆等都贴上了标签，培养他正确的物品所有权观念。

具备正确的物品所有权观念的孩子，能够恰当地区分自己的物品和他人的物品，认识到两者的不同，脑子里有清醒的意识，就不会出现偷窃的行为了。

妈妈要从实际生活中对孩子进行教育，如妈妈想看孩子的故事书，就要向孩子借；孩子对妈妈的羽毛球拍感兴趣时，妈妈也要告诉孩子这是妈妈的东西，让孩子用完了要归还。

这样长期下来，孩子就会形成正确的物品所有权观念。

➤➤ 建议三：给孩子足够的零花钱

不少孩子之所以会出现偷窃的行为，是因为妈妈给的零花钱有限，不能买到自己喜欢的东西，只好动了"偷"的念头。

妈妈要给孩子足够的零花钱，孩子羡慕别的孩子都有的物品时，也可以拿出自己的零花钱去购买，就不会对别人的东西眼红了，也就会远离偷窃的行为。

给孩子足够的零花钱，是妈妈对孩子爱的一种体现方式。妈妈要参考孩子同龄人零花钱的数目，让孩子心里感到平衡。

孩子有了自己的零花钱，就会为自己的经济行为付费，这是防止孩子出现偷窃行为的好方法。

➤➤ 建议四：提高孩子抵抗诱惑的能力

孩子身心发育的特点，决定了他们自制力差，抵制诱惑的能力也较低，看到别人有好东西，控制不了自己的占有欲，从而出现偷窃的行为。

刘晨今年上小学五年级，平时一直是别人眼里的好孩子。

可是一次家长会上，班主任告诉刘晨的妈妈，刘晨最近有小偷小摸的行为，经常拿同桌的文具等。但是为了孩子的自尊着想，并没有当面批评过他。老师

希望妈妈好好教育孩子。

回到家里，妈妈故意把 10 元钱放在客厅显眼的位置，并故意暗示刘晨，妈妈知道自己把钱放那里了。接连三天，刘晨都没有碰。

妈妈又把钱换成 50 元的，刘晨估计心动了，但没有行动。这样下来，刘晨抵制住了诱惑。后来老师也反映，刘晨没有再出现小偷小摸的行为。

妈妈要教育孩子拴住欲望的缰绳，做个有自控能力的孩子，帮助孩子树立不是自己的东西，即使再好也不能拿的思想。

有偷窃习惯的孩子在接受妈妈的教育之后，坏习惯会得到有效控制。

但是坏习惯还没有得到根治之前，当孩子看见有偷窃的机会时，又会不由自主地去做，把妈妈的教育抛到一边。因此，妈妈要帮助孩子增强自己的自制力。

认清危害，让孩子主动改掉不良嗜好

【教子现场】

张峰今年上初三，妈妈对他的期望很高。他感觉学习压力太大了，心情烦躁，看到周围的同学有人吸烟，就尝试着也去吸。抽烟时，他觉得自己的苦闷压力都随着烟雾一起消散了。

张峰喜欢这种轻松的感觉，逐渐染上了吸烟的恶习。

一次考试后，张峰的同学拉着他一起去饭店喝酒、吃饭。在好奇心的驱使下，他跟着同学去了，并且喝醉了。

妈妈发现了孩子吸烟、喝酒的坏习惯，心里很着急，但是没有表露出来。她做了细致的工作，丰富了孩子的课余生活，并为孩子搜集了不少反映吸烟、喝酒危害的图文资料。

妈妈的工作有了成效，张峰开始自觉地排斥这些不良的习惯了。

【案例解析】

吸烟、喝酒等不良嗜好，对孩子的身体发育有百害而无一利。可现在很多孩子都加入到了吸烟、喝酒等不良嗜好的行列，即使妈妈三令五申，孩子仍对此置若罔闻。

孩子模仿成人去吸烟、喝酒，是觉得这样做很有"风度"，也急于用这样的方式来证明自己的成长。其实这是很幼稚的想法。

吸烟会危害孩子的神经系统，对呼吸系统也会造成影响，同时降低消化系统的功能，还会影响生长素的分泌和多种激素的平衡，从而影响孩子的生长发育。

同时，吸烟、喝酒也会给社会和他人造成危害，会造成火灾、打架斗殴等不良现象；会污染周围的环境，对社会治安造成威胁。

孩子开始吸烟、喝酒时，是因为好奇心、模仿、想显示自己的成熟等，也有来自孩子身边的朋友、同学的相互影响和压力，孩子希望跟同伴融合、有共同的语言等。

有的孩子长期承受很大的压力，想用吸烟、喝酒的方式来释放压力，寻求慰藉；还有不少孩子认为，吸烟、喝酒可以显示自己的男子汉气概等。

这说明，孩子的吸烟、喝酒多是满足心理层面的需求。妈妈要及时采取措施，让孩子意识到吸烟、喝酒对自己及周围人的危害，避免孩子将其发展为一种恶习。

【给妈妈的教子妙方】

≫ 建议一：妈妈要起到表率作用

妈妈是孩子的第一任老师，妈妈的言行，会成为孩子模仿的对象。

孩子的是非判断能力差，所以无法辨别妈妈行为的对错，他们只会模仿妈妈的行为。如果妈妈有不良嗜好，孩子就会受到污染。

萧文今年上初二，是老师眼里的难缠的孩子。

这天，他竟然醉醺醺地来到教室，浑身酒味，在班上造成了很坏的影响。

这已经是第三次发生这样的事了。老师批评他，他却不知悔改。老师只好把他的妈妈请到学校来。没想到，他的妈妈也是一副醉醺醺的模样，还说孩子喝酒没事，只要学习好就行了。

看到这样的妈妈，老师明白了孩子为什么会这样了，感到既气愤又无奈。

孩子如果长期处于吸烟的家庭环境中，就会觉得吸烟是很正常的事情，慢慢地就会染上烟瘾；如果妈妈经常喝酒，孩子也会尝试着喝酒，一旦养成习惯，就很难戒除了。

因此，妈妈要以身作则，戒酒戒烟，为孩子营造良好的家风，创造良好的成长环境。

➤➤ 建议二：妈妈要读懂孩子的心理

在很多孩子看来，会吸烟、喝酒是成熟的表现，所以他们急于用这样的方式来证明自己的成长；有的孩子为了交友的需要，必须用吸烟、喝酒的方式来接近一些朋友；有的孩子的好奇心作怪，促使他们尝试吸烟喝酒；有的孩子的压力太大，用吸烟喝酒来缓解自己的压力等。

以上这些，都是孩子产生吸烟、喝酒不良嗜好的原因。

妈妈要读懂孩子的心理，了解孩子吸烟、喝酒的原始动力，然后分别采取不同的方式，帮助孩子走出吸烟、喝酒不良嗜好的阴影。

➤➤ 建议三：正面告诉孩子吸烟、喝酒的危害

妈妈发现自己的孩子有吸烟、喝酒的行为后，应该态度坚决地告诉孩子吸烟、喝酒的危害，坚决纠正孩子的坏习惯。

妈妈要告诉孩子，烟中含有多种有害物质，尤其是尼古丁，它对呼吸系统、神经系统、消化系统都有很大的破坏作用，影响正常的身体发育，不利于孩子的健康成长。

喝酒不仅对孩子的身体发育有害，还会刺激孩子的神经，影响中枢神经系统，伤害心血管系统和胃肠道，使孩子的判断力下降。

吸烟喝酒还会降低孩子脑部活动的能力，降低智力等各项能力，给孩子的学习造成阻碍。

妈妈要从思想上帮孩子认识到吸烟喝酒的危害，让他们自觉克服这些坏习惯。

➤➤ 建议四：教育孩子把主要精力放在学习上

很多孩子染上吸烟、喝酒的不良嗜好，多半是对学习失去兴趣。他们的学习成绩一般不理想，就借吸烟、喝酒来麻痹自己的神经，暂时远离不满意的现实。

夏伟今年上初一，因为刚升入初中的原因，他很多科目都跟不上老师的节奏，考试成绩也不理想。

他几经努力也看不到进步，便自暴自弃，跟着别的孩子学会了吸烟、喝酒，每天生活的主要内容，就是省下吃饭的钱，去买烟买酒，学习成绩自然更差了。

妈妈发现了他的行为，没有板着脸批评他，而是帮他分析学习成绩差的原因，根据各科的特点，为孩子制订了详细的学习计划。

在妈妈的帮助下，夏伟的学习成绩有了提高，吸烟、喝酒的坏毛病也得到了纠正。

妈妈要教育孩子，把心思用在学习上，帮助孩子采取各种方法，提高学习成绩，引导他们走上学习的正道。

妈妈要赞赏孩子取得的一点点进步，激发起孩子学习的信心和乐趣。孩子把主要的时间和精力放在学习上了，就自然会远离吸烟、喝酒的不良嗜好。

纠正挑食偏食，给孩子均衡营养

【教子现场】

李军今年 4 岁了，可是和同龄的孩子相比，他比其他孩子都要瘦，这和他一直都不好好吃饭有关。

从上幼儿园起，他就开始偏食挑食，许多小朋友喜欢吃的东西，他都不吃。

他喜欢吃清淡的菜，对于鸡蛋、肉制品很排斥。吃饭的时候，他碰到自己不喜欢吃的，就干脆不吃。他这个不吃那个不吃，让老师和妈妈都很焦急。

在家里吃饭时，他从没有老老实实地从头吃到尾，总是吃着吃着就跑出去玩，或者干其他的事情。他还不喜欢吃水果。

【案例解析】

挑食偏食是现在很多孩子共同存在的问题，喜欢吃的就多吃，不喜欢吃的就少吃或者不吃。

这也和妈妈不当的教养方式有关，不少妈妈为了增加孩子的营养，为孩子

准备很多高蛋白、高脂肪的食物，而不重视蔬菜、豆制品、水果等的摄入，造成孩子的营养不均衡。

孩子容易被具有诱人的色香味的食品所吸引，再加上妈妈的溺爱，任凭孩子只拣自己喜欢的东西吃，必定会导致孩子出现挑食偏食的坏习惯。

孩子正处于长身体的重要时期，而人体生长发育所需要的各种营养，来源于各种各样的食物。孩子长期偏食挑食，就会造成营养摄入的不均衡，严重的还会出现相应的疾病。

所以，妈妈对于孩子的偏食挑食问题应引起足够的重视。

一般来讲，孩子出现偏食挑食的坏习惯是有原因的：不少孩子自己没有吃过的东西就说不爱吃；妈妈根据自己的喜好做饭做菜；孩子遇到新鲜食物不愿尝试等。

孩子的味觉往往没有真正成熟，饮食习惯也没有完全确定，只要妈妈正确地引导和教育，就会帮助孩子克服挑食偏食的坏习惯。

【给妈妈的教子妙方】

≫ 建议一：培养孩子良好的饮食习惯

妈妈要在日常生活中，培养孩子良好的饮食习惯，让孩子意识到偏食挑食的危害，自觉地养成合理饮食的好习惯。

黄俊今年3岁了，是个活泼可爱的孩子。妈妈发现他特别不喜欢豆类食物，但是豆类食物能给孩子提供很高的营养成分，妈妈准备好好改改黄俊的坏习惯。

这天，妈妈知道黄俊在外面玩了一下午，会很饿，就做了豆角给孩子吃。妈妈还告诉他，家里的零食都吃完了，只能吃这个了。

黄俊只好乖乖地吃下去了。结果他发现豆角并没有自己想象的那么难吃。妈妈趁机告诉他，要养成良好的饮食习惯，什么食物都要吃，才能保证营养的全面摄入。

妈妈做饭时要讲究科学、合理、营养均衡，给孩子提供多种食物，每天都要变换花样，并且要给孩子的吃饭定时、定量，帮助孩子养成良好的饮食习惯。

时间一长，到吃饭的时间，孩子体内就会自觉地分泌消化液，感觉饥饿，就不会对所吃的食物挑挑拣拣，就会养成正常的饮食习惯了。

>> 建议二：不以自己的偏好影响孩子

孩子年龄小时，对食物是没有喜爱和厌恶情绪的，但他们有极强的模仿性，妈妈和周围人的生活习惯，会在无形中影响到孩子。

受妈妈挑食偏食的习惯影响，孩子也会产生和大人一样的饮食偏好，然后形成偏食挑食的坏习惯。妈妈不要在孩子面前说哪些菜好吃，哪些菜不好吃，以免诱发孩子挑食的心理。

如果妈妈科学膳食，孩子也会形成良好的饮食习惯，自觉远离偏食挑食的坏习惯。

妈妈不要以自己的饮食偏好来影响孩子，而要以良好的饮食习惯和行为来熏陶孩子。

>> 建议三：合理控制孩子的零食

孩子不喜欢吃饭或者偏食挑食，与吃零食过多有关系。

零食的口味比妈妈做的饭要好吃，孩子大都喜欢吃，经常会出现在吃饭之前就快吃饱了的情况。到了吃饭的时候，孩子就会挑自己喜欢的吃，而不考虑营养问题。

虽然有的零食含有很高的营养，但吃这些东西势必会影响孩子正常的食欲。

妈妈应该有意识地帮助孩子控制吃零食的数量，让孩子把食欲放在吃饭上面，循序渐进地纠正孩子偏食挑食的坏习惯。

➤➤ 建议四：培养孩子吃饭的兴趣

孩子不喜欢吃饭、偏食挑食，妈妈就要培养孩子吃饭的兴趣，让孩子觉得吃饭是件很有乐趣的事情。

范青今年5岁了，经常因为偏食挑食遭到妈妈的批评，可是越是这样，他越不喜欢吃饭。

妈妈发现了孩子的心理，特意和奶奶商量，除了把饭菜做得更好吃之外，还要适当改变餐桌上的氛围。

在吃饭时，妈妈试着和范青开些玩笑，说些幽默的话，孩子的内心得到放松，也有了食欲，原来不爱吃的菜，现在也觉得好吃了。

妈妈要尽量把饭菜做得符合孩子的口味，给孩子的食物要色、香、味俱全，花色品种要不断更新。

除了增加孩子吃饭的欲望，妈妈也要注意营造一个轻松愉快的吃饭氛围，让孩子开心地吃饭，为吃饭增加趣味性。

➤➤ 建议五：必要时采取药物治疗

孩子出现偏食挑食现象的原因很多，有些是可以通过妈妈的引导和帮助克服的，但是对于比较严重的情况，就要采取必要的药物治疗了。

对于食欲很差、偏食挑食现象特别严重的孩子，妈妈要带孩子去看医生，服用一些能够增进食欲的药物，帮助孩子改掉偏食挑食的坏习惯。

心理引导，帮孩子改掉磨蹭的毛病

【教子现场】

石涛今年上初二了，在班里成绩中等。

每次他坐在书桌前写作业时，就开始漫无边际地想象：明天早上要几点起床啊；昨天的测试能得几分；同学亮亮家里的小猫什么时候要生猫宝宝了等。

只要是独自坐在书桌前，这样的问题就会出现在他脑海里，严重影响了他做作业的速度，每次磨蹭到很晚才能完成作业。妈妈不明所以，还经常夸他学习认真。

初一的时候作业少，石涛还能应付。但是到了初二，学习内容逐渐增多，磨蹭导致他每天的作业都要做到晚上十一二点，考试时也因为磨蹭吃了不少亏。

妈妈最终知道了他的情况，却不知该怎么帮孩子。

【案例解析】

磨蹭是指做事不够麻利、节奏慢。很多孩子动作慢，做事磨磨蹭蹭，浪费不必要的时间，做事效率不高，特别是在生活自理方面，磨蹭就体现得更加明显。

磨蹭是很多孩子在生活和学习中经常存在的问题。面对磨蹭的孩子，妈妈感到让孩子自己做事，还不如自己替孩子做事快，而且更省心省事。

但是妈妈的包办，强化了孩子的磨蹭、懒惰心理。

实际上，缺乏时间观念、没有责任感，是孩子形成磨蹭的坏习惯的主要原因。

时间就是生命，时间能够创造财富。在竞争日益激烈的社会，磨蹭的人会被社会无情地淘汰。

在平时的考试中，不少孩子会因为磨蹭造成做不完试卷，给成绩带来很大的影响。妈妈要让孩子意识到磨蹭的危害，自觉远离磨蹭的坏习惯。

纵观古往今来成功的人，无一不是珍惜时间的人。妈妈要告诉孩子，一个人一生的时间是有限的，只有改掉磨蹭的坏习惯，抓紧每分每秒，才能创造出更多的价值。

妈妈一定要找到孩子磨蹭的原因，对症下药，帮助孩子改掉磨蹭的坏习惯。

【给妈妈的教子妙方】

➤➤ 建议一：培养孩子的时间观念

孩子自身的身心发展特点，决定了他们往往缺乏正确的时间观念，不懂得时间的珍贵，从而喜欢磨蹭。

妈妈要平心静气地和孩子沟通，给孩子讲关于名人珍惜时间的故事，或者把一些关于珍惜时间的格言贴在墙上。

在日常生活中，给孩子规定做事情的时间，用小闹钟来提醒孩子，让孩子主动加快做事的速度。

这样，妈妈在生活和学习上逐步培养孩子的时间观念，就能纠正孩子磨蹭的坏习惯了。

➤➤ 建议二：让孩子尝到磨蹭的后果

自然后果教育法，提倡一个人应当承受他的行为所引起的后果，从而适时地调整自己的行为方式。妈妈要让孩子尝到磨蹭的后果，由此知道抓紧时间，改掉磨蹭的坏习惯。

冉冉今年上幼儿园了。他是个很磨蹭的孩子，即使在早上时间最紧张的时候，他也慢吞吞地收拾书包。

因为他知道妈妈会在他快迟到的时候提醒他，然后送他去学校。每次即使再磨蹭，他也不会迟到，而且每天都会得到老师发的小红花。

这天妈妈没有像往常一样催促他，没有帮他穿衣服，也不管他吃饭有多慢。都快8点了，他们才离开家。这时他催促妈妈快点儿。

到了学校，他自然是迟到了，挨了老师的批评，还没有得到小红花。

他尝到了迟到的后果，以后每天都变得动作较快了。

孩子的行为方式决定了他们的行为能力。磨蹭一旦形成习惯，纠正起来就非常困难。生活上磨蹭的坏习惯，会影响到孩子的学习、交往等多方面，造成一系列不良后果。

让孩子自己尝到磨蹭的坏处，才会自觉克服磨蹭的坏习惯。

》》 建议三：用竞争改掉孩子的磨蹭

孩子没有接触到社会，对社会的竞争和快节奏缺乏正确的认识，自然会磨蹭，不懂得时间的紧张。妈妈要在家庭中引进竞争机制，改变孩子磨蹭的现状。

比如孩子在做作业的时候，妈妈可以和孩子比赛，孩子做作业，妈妈画画，看看孩子做完作业的时候，妈妈能不能把画画完；或者妈妈邀请同学来家里做作业，看两人谁做得又快又好等。

通过这样的方式，不仅会改变孩子磨蹭的习惯，还能通过胜负交替的成绩，锻炼孩子的心智，提高孩子面对失败的坦然心态。

》》 建议四：引导孩子专心做事

很多孩子不能在有限的时间内完成事情，和孩子注意力不集中有很大的关系。孩子容易被周围无关的事物吸引注意力，所以妈妈要引导孩子学会专心做事。

程安是小学一年级的学生，最近妈妈发现孩子做完作业的时间越来越晚了，不知道孩子什么时候养成了磨蹭的坏习惯。

这天她悄悄地站在书房门口，看孩子怎么做作业。她发现，孩子正竖起耳朵听客厅里的电视的声音，还不时地被电视里的声音逗笑。

妈妈知道了造成孩子磨蹭的原因以后，就在孩子做作业的时候不开电视了。孩子磨蹭的习惯也改掉了许多。

妈妈在孩子专心做事时，要尽量保持安静的环境，排除干扰孩子的因素，使孩子能专心于正在做的事情上，这样既能加快速度又能保证质量，孩子慢慢就会改变磨蹭的坏习惯了。

增强自制力，改变贪玩的孩子

【教子现场】

尹强今年 7 岁了。自从上学后，他认识了不少小朋友，每天放学后都要和

他们玩到很晚才回家。

开始，妈妈认为玩是孩子的天性，就没怎么管束他。可是孩子越来越过分，好几次妈妈做好饭出去到处找他，他才不情愿地和妈妈回家。

周末的时候，他一大早就出去和别的孩子疯玩，连饭都顾不得吃，到天黑才回家，回到家后倒头就睡，完全不把老师布置的作业当回事。

由于他的贪玩，学习成绩受到了很大的影响，让妈妈很头疼。

【案例解析】

贪玩是孩子的特点，特别是孩子的自制力差，往往不能处理好玩和学习之间的矛盾。

孩子在玩的过程中，能够培养起对某方面的求知兴趣，还可以在玩中学到很多课堂上学不到的知识。所以，妈妈看到自己的孩子贪玩，也不要过于紧张，要把握好度。

但很多孩子因为贪玩而影响了学习。他们让贪玩的情绪占据了专注于学习的时间，影响了自己的正常学习。这就需要妈妈重视起对孩子的教育，帮助孩子从贪玩中走出来。

任何现象背后，都是有其深层次的原因。妈妈要分析孩子出现贪玩习惯的原因。

妈妈的一味放纵，孩子的大部分时间都是在玩中度过的，养成了习惯。

孩子学习成绩不理想，缺乏学习的兴趣，注意力偏移到玩上。

周围接触的孩子都是贪玩的孩子，为了接近他们就学会了贪玩。

外界各种新鲜事物和游戏等，干扰了孩子的学习等。

妈妈要辩证地来看待孩子的贪玩，不能单纯采取高压管制的政策，也不能出于对孩子的爱，放纵孩子贪玩的行为，要让孩子认识到，贪玩对生活和学习造成的危害，让孩子学会合理控制自己玩耍的时间，在玩中学到知识，用玩来缓解学习的压力，以玩来促进自己的学习。

妈妈要采取恰当的教育方式，给予孩子积极的引导，一定能够帮助孩子改掉贪玩的习惯，成为该玩的时候好好玩、该学的时候好好学的好孩子。

【给妈妈的教子妙方】

▶▶ 建议一：不做贪玩的妈妈

孩子的心智还不成熟，缺乏对妈妈行为对错的正确认识，如果他的身边有一个贪玩的妈妈，孩子也会变得贪玩。

妈妈必须做孩子的表率，勤于读书和学习，为孩子创造良好的学习氛围，不能将打麻将等贪玩行为带回家影响孩子。

小龙今年上小学四年级了，以前他是个爱学习的好孩子，可是最近他变得贪玩，上课时也不断做小动作，这和最近他妈妈的影响有关。

这几个周末，妈妈总会约几个人来家里打麻将，环境特别嘈杂，他在屋里根本就学不进去，就出来凑热闹，从而分散了学习的注意力。

他看没人管自己，放学后就在自己屋里打起了游戏，并且上瘾了，有时候还把游戏机带到课堂上。

妈妈要以自己的实际行动，为孩子树立良好的榜样，让孩子在潜移默化中接受好的教育影响，帮助孩子摆脱掉贪玩的坏习惯，做爱学习的好孩子。

▶▶ 建议二：让孩子在玩中学到知识

玩耍是孩子的本能，是孩子最喜欢的活动。游戏有趣而富于刺激，对孩子有很强的吸引力。孩子在游戏中增强了体魄，开发了智力，锻炼了各种能力。

在孩子的眼里，玩是一项很重要的工作。但是妈妈害怕放手让孩子去玩，孩子会养成贪玩的坏习惯。这就需要妈妈引导孩子，把玩当作孩子学习的一种方式。

▶▶ 建议三：培养孩子的学习兴趣

孩子在玩中能够体会到学习中所没有的乐趣，在玩中释放学习的压力。

很多成绩不理想、对学习缺乏兴趣的孩子，都有贪玩的坏习惯。越是贪玩成绩越差，成绩越差就越爱玩，形成了恶性循环。

因此，纠正孩子贪玩，就要从培养孩子的学习兴趣开始。

李盛今年上小学三年级了，是个贪玩的孩子。

有时候到吃饭的时间了，他还在外面玩。即使回到家，他也不积极做作业，老是想着看会儿电视。贪玩的心理使他无心学习。

他经常向妈妈抱怨，对学习不感兴趣，妈妈知道这是孩子贪玩的原因，决定帮他改掉这个坏习惯。

妈妈通过观察，发现他对数学有兴趣，就为他报了个奥数培训班。在那里，张贵找到了自己的兴趣所在，把时间放在了研究难题上，贪玩的习性收敛了不少。

妈妈要善于抓住孩子学习上的闪光点，放大孩子的优点，用鼓励和支持激起孩子学习的兴趣，才能从根本上改变孩子贪玩的坏习惯。

➤➤ 建议四：增强孩子的自我管理能力

教育学家说过，对孩子最好的教育，是孩子自己对自己的教育。妈妈要让孩子对自己的学习制订计划和目标，用计划和目标来帮助自己改掉贪玩的坏习惯。

孩子的自制力差，一般在有妈妈监督的时候会好好学习，一旦妈妈脱离了自己的视线，就开始肆无忌惮地玩。

但是妈妈不可能时时处处监督孩子，这就需要妈妈增强孩子的自我管理能力。

学会控制情绪，莫让孩子乱发脾气

【教子现场】

冰冰今年3岁了，是家里的"小皇帝"，家里什么事情都要顺着他的意思，他稍有不顺心，就冲妈妈乱发脾气。

妈妈看见孩子的坏脾气，也很生气，但出于对孩子的溺爱，也没有批评他，这使得他越来越过分。

这天妈妈带他去逛商场，他看见自己喜欢的玩具枪了，非要妈妈给他买。妈妈当时正和一位朋友聊天，就没有搭理他。

他又哭又闹，后来干脆躺在地上，嘴里还说着脏话，弄得妈妈很没面子，只好给他买了。

　　妈妈以为买了东西他就会高兴了，可是临出商场门，他又看见了另一件玩具，妈妈说下次再买，他又以同样的方式乱发脾气，妈妈只好又一次投降。

【案例解析】

　　妈妈对孩子的溺爱，让孩子进入了思想上的误区，以为在妈妈的关爱下，自己可以乱发脾气，而不用去考虑妈妈及周围人的感受。

　　在生活中，当事情没有达到自己的要求时，很多孩子就用发脾气的方式来宣泄自己的不满，以此来要挟妈妈，要其按照自己的意愿办事。

　　妈妈要告诉孩子，乱发脾气是缺乏修养的表现，也是心智不成熟的表现，妈妈不喜欢他这样。

　　乱发脾气是孩子身上普遍存在的坏习惯，它是孩子意志力薄弱、缺乏良好的自制力的表现。由于缺乏社会经验，孩子往往不能很好地控制自己的情绪。

　　随着社会经验的不断增多，孩子乱发脾气的坏习惯会得到改善。但是对于一些无力改变乱发脾气习惯的孩子，妈妈要给予引导和帮助，让孩子学会"牵住"乱发脾气的"缰绳"。

乱发脾气的孩子身上，往往还会存在任性、蛮横、事事以自我为中心等许多不良习惯，一旦他人触犯了自己的利益，或是没有按照他们的意愿行事，他们就开始乱发脾气。妈妈对孩子的行为进行批评教育，他们也会乱发脾气，弄得妈妈的教育很被动。

乱发脾气的孩子，在家里不能够尊重妈妈，在学校里也没有知心的朋友。他们往往缺乏良好的人际交往能力，这会对他们以后的人生发展带来很大的影响。

所以，妈妈一定要帮助孩子改掉乱发脾气的坏习惯。

【给妈妈的教子妙方】

>> 建议一：以正确的方式来爱孩子

妈妈疼爱孩子无可厚非，但是要以促进孩子的正常发展为目的来爱孩子。

妈妈对孩子的爱，不能以满足孩子的各种要求为准则，而要关注孩子的心理变化，用正确的理念来教育孩子，让孩子以健康的心态来成长。

李成今年7岁了，是个很乖的孩子。妈妈虽然很疼爱他，但是懂得把握好爱的度，不会满足孩子的无理要求。

在孩子第一次用乱发脾气的方式想达到自己的目的时，妈妈就坚定地表达了自己的观点：这招在这里行不通。

他一直想要个电脑，不是家里没条件买，妈妈主要是害怕影响孩子的学习。他冲妈妈发脾气，以为妈妈会妥协，可是妈妈坚决地拒绝了他的要求。

妈妈告诉他，自己爱他，但要对他的健康成长负责。

爱孩子，要用正确的方式。爱孩子就要给孩子健康的体魄、完善的人格、优秀的品质，而不是孩子一乱发脾气就无条件地满足他。

妈妈要让孩子知道，乱发脾气是不能解决问题的，从而改掉孩子乱发脾气的坏习惯。

>> 建议二：了解孩子乱发脾气的原因

孩子乱发脾气的原因有很多，妈妈要善于分析孩子乱发脾气的原因，然后对症下药。

例如，妈妈对孩子过度疼爱，会满足孩子的任何要求，即使要求是无理的。时间一长，孩子就形成了心理上的优越感，只要妈妈不答应自己的要求，就用乱发脾气的方式来威胁妈妈。

还有，孩子出现自高自大的心理，总以为高人一等，以自我为中心，别人必须按他的意志去办事，否则他会执拗地乱发脾气等。

妈妈要针对不同的原因，有针对性地纠正孩子的这个坏习惯。

>> 建议三：不要对乱发脾气的孩子发脾气

面对乱发脾气的孩子，很多妈妈按捺不住自己的情绪，也会和孩子一起发脾气，结果往往适得其反，会激起孩子的逆反心理。

所以，妈妈要控制自己的脾气，孩子乱发脾气时，要耐心地弄清孩子发脾气的原因，帮助孩子分析乱发脾气的坏处，从而指导孩子摆脱乱发脾气的坏习惯。

>> 建议四：不要让孩子尝到乱发脾气的甜头

有的孩子从乱发脾气中得到某种好处，便会将这样的方式作为满足自己要求的主要手段。妈妈不要让孩子尝到乱发脾气的好处，不能向孩子妥协。

妈妈要教育孩子，乱发脾气不起作用，妈妈的拒绝是因为你的要求不合理，只要要求合理，即使你不发脾气，妈妈也会尽量满足。

>> 建议五：设法转移孩子的注意力

当孩子出现乱发脾气的行为时，妈妈要善于利用周围的环境，设法转移孩子的注意力，使孩子的怒火被周围吸引，注意力得到转移。

小剑今年4岁了。这天他气冲冲地回到家，又是踢沙发又是说脏话，说自己和隔壁的军军闹别扭了。

妈妈很高兴孩子没有和伙伴吵架，但是妈妈也知道必须让孩子把自己的不快发泄出来。

为了转移孩子的怒气，妈妈赶紧给他放上了他喜欢看的动画片。孩子看着动画片，很快将自己不愉快的事情忘掉了。

妈妈可以鼓励乱发脾气的孩子去做自己喜欢的事，帮助孩子放弃无理的要求或无谓的怒气，孩子乱发脾气的坏习惯就会得到有效的控制。

顶嘴不是孩子的错，家长应该这样做

【教子现场】

不知道从什么时候开始，9 岁的小勇学会和妈妈顶嘴了。

妈妈让他干点小事，他就问妈妈为什么让他干，别的小朋友都不用干。妈妈和他说，9 岁的孩子早就应该帮家里干点家务了，小勇却反驳说，自己做的够多了。然后就回屋里去了。

妈妈意识到和孩子这样对峙下去，一点儿效果都没有。妈妈决定在小勇下次和她对峙时，换种方式来和他交流。

这天，妈妈让他把垃圾扔出去，小勇顶嘴说不去，妈妈没有搭理他。

该到吃饭的时间了，可是妈妈还没有去做饭的意思。小勇说自己饿了，妈妈告诉他，把自己的活干完了，就会给他做饭。

小勇好像明白了什么，没有和妈妈顶嘴，自觉地把垃圾丢出去了。

【案例解析】

不少孩子存在和妈妈顶嘴的坏习惯。随着孩子年龄的增长，语言能力得到很大的提高，他们会用顶嘴的方式来表达自己的独立思想。

面对孩子的顶嘴，妈妈不可太过焦虑，要意识到这是孩子成长中所必经的过程，是孩子正常的成长表现，说明孩子开始有了自己的想法。

这应该让妈妈感到欣喜，但是也不可忽视孩子真正的顶嘴。妈妈要分清孩子是真的在顶嘴，还是在展示自己的独立个性。

孩子存在顶嘴的坏习惯，就要引起妈妈的关注了。孩子顶嘴是缺乏礼貌的表现，家庭气氛也会因此而紧张，顶嘴还会被看成是不尊敬妈妈的表现。

顶嘴还会扼杀孩子的创造性思维，影响孩子的正常交际。

妈妈不能一味地抱怨自己的孩子顶嘴，而是要认真分析其中的原因。孩子出现顶嘴现象的原因主要有以下几方面。

孩子对事物逐渐有了自己的想法和态度，可是语言表达能力受限。

妈妈对孩子过于溺爱，孩子心理缺失了对妈妈的尊重。

孩子得不到妈妈的关爱，用顶嘴的方式来吸引妈妈对自己的重视等。

妈妈要善于引导孩子，让孩子认识到顶嘴是错误的行为。此外还要从孩子顶嘴的原因入手，有针对性地采取措施，纠正孩子的顶嘴现象。

【给妈妈的教子妙方】

➤➤ 建议一：妈妈要控制好自己的情绪

很多妈妈在孩子顶嘴时，采用非打即骂的方式，结果造成他们的逆反心理，使孩子的顶嘴现象愈演愈烈。

陶然今年8岁了，最近和妈妈的关系有点僵。他觉得现在自己有很多想法，可是每次妈妈都不给他表达的机会，妈妈决定了的事，就要按照她的意思去办。

这天，妈妈让他周末一起去一位同事家玩，可陶然不想去，妈妈就过去拉他，他按捺不住自己的怒火，和妈妈顶起嘴来。妈妈特别生气，不由分说就给了他一个耳光。

妈妈自己去同事家了，回家后发现陶然留下的字条，说他今天就是想好好休息，可妈妈一点儿也不理解他，他离家出走了。

儿子的离家出走，让妈妈非常后悔自己的行为。

妈妈要把孩子看作平等的个体，允许他们有自己的想法，还要把孩子看作自己的朋友，朋友有不同于自己的观点的时候，自己肯定是不会发火的。

妈妈把这个理论用在孩子身上，孩子的顶嘴现象就会得到有效的控制。

➤➤ 建议二：减少对孩子的溺爱

在妈妈的溺爱中长大的孩子，往往做事以自我为中心，听不进别人的意见。别人的想法和自己的不一致时，就会用顶嘴的方式来表达自己的不满。

妈妈只有消除对孩子的溺爱，孩子的顶嘴现象才能减少。妈妈要保持同样的教育态度，当孩子顶嘴时，妈妈可以先不理睬他；当孩子不再蛮横，能听进去妈妈的教育时，妈妈就要用鼓励的语言，来强化孩子的转变。

➤➤ 建议三：营造民主的家庭氛围

民主的家庭氛围，可以帮助孩子轻松地表达自己的观点，而不是妈妈凭借自己的权威，让孩子无条件地按自己的意愿办事。

营造民主的家庭气氛，谁说的有道理就采取谁的意见，鼓励孩子大胆地讲出自己的感受，就能合理地减少孩子的顶嘴现象。

妈妈也不要担心在孩子眼里自己会失去威信，相反，这样做会更好地得到孩子的认同和理解。妈妈如果对孩子颐指气使，反而会加剧孩子的顶嘴行为。

➤➤ 建议四：了解孩子顶嘴的意图

妈妈和孩子保持良好的沟通，主动了解孩子顶嘴的意图，是应对和防止孩子顶嘴的重要方式。

妈妈要用心倾听孩子的想法，分析孩子顶嘴的原因，不要随意给孩子贴上顶嘴的标签。

张贵今年6岁了，以前还能听妈妈的话，很讨大人的欢喜，可是最近他常常和妈妈唱反调，妈妈批评他，他还和妈妈顶嘴。

这个周末，说好了要一起去奶奶家玩，一大早妈妈就把张贵的衣服准备好了，张贵却死活不穿那双鞋子，非要穿别的，嘴里一直在喊着："我就不穿，就不穿。"

妈妈想孩子怎么开始学会顶嘴了啊，就试着换了个语气和他说话，一问才知道那双鞋子太小了，孩子不喜欢。

妈妈告诉孩子，以后有什么事情就直说，不要养成顶嘴的坏习惯。张贵点了点头。

孩子往往会直接用言行来表达自己的意图，从来不会遮遮掩掩。所以，当孩子顶撞妈妈时，妈妈应当主动和孩子沟通，在明白了孩子的意图后，妈妈就会理解孩子为什么顶嘴了。

妈妈要站在孩子的角度考虑问题，有助于缓和紧张的家庭气氛，也能够很好地控制自己的情绪。孩子在得到妈妈的理解之后，就会减少自己的顶嘴行为了。

>> 建议五：提醒孩子改变说话方式

妈妈直截了当地对孩子说"不许顶嘴"，还不如说"我理解你的感受，但是你能换一种口气说吗"，或者说，"我不喜欢你这样说话，你可以慢慢地用你的道理来说服我"。

如果孩子正在气头上，妈妈也可以说："我知道你现在很生气，等你冷静下来，我们再谈好吗？"这样可以有效地改善孩子的顶嘴行为。

第九章

做好心理医生，帮孩子
解决常见的心理问题

　　一些不起眼的小事，可能会引发孩子的心理失衡；一些不科学的教育方式，可能会给孩子留下心理阴影；一些过高的期望，可能让孩子感到压抑。

　　因而，作为父母应该重视孩子的心理教育问题，主动掌握一些心理学知识，使用心理学的技巧来帮助孩子摆脱自卑、焦虑、恐惧、抑郁……让孩子健康成长。

远离自私，别让万恶之源侵蚀孩子

【教子现场】

国华看着妈妈在厨房里忙碌，就一直在催："妈，我都快饿晕了，您动作能不能快点啊？"

妈妈对他说："没看到我一直在忙吗？我又没歇着，你不帮忙就算了，别催得我心烦。"国华只好跑去看电视，并找来零食充饥。

半个小时后，妈妈准备好了饭菜，国华"蹭"地一下就跑了过去，赶紧把他爱吃的菜都放到自己面前，又催促妈妈快盛饭。

妈妈和爷爷奶奶也过来了，他们对国华的行径也都习以为常了。

吃饭了，妈妈看到国华总护着自己面前的菜，实在看不过去了，就把两位老人爱吃的粉蒸肉从他面前端了出来。

国华马上抗议，妈妈却坚持说："你也长大了，不能只顾自己，以后不许护菜，要是违规就罚你不准吃饭。"

国华第一次看到妈妈这么严厉，就知趣地妥协了。

【案例解析】

"自私自利之心，是立人达人之障"。自私阻碍孩子的身心发展，孩子若只顾及私利，就会因各种利益不均导致心理失衡，进而引发一系列的丑行。

大多数人在多数场合都不是自私的，能够自觉维护社会运行秩序。但是一旦个人、集体中出现了自私的行径，各种假、恶、丑的现象便开始滋生蔓延。

自私使社会运转失序，他人利益被损害，也将一些自私的人引向了自我毁灭。

自私也有积极的一面，它促使人去追求利益最大化，追求个人进步，也有人称它是促进社会的原动力。但是，自私一旦超过某种限度，就会成为人人厌弃的污点。

自私是人性的一部分，谁都难以避免，但要将它控制在底线内，别让自私伤害到他人。

孩子在成长过程中，也会涌现出各种自私自利的言行。这些自私的萌芽，是孩子"自我"意识的一部分，也是孩子想"独立"的表现，并不是根本品质上的"痼疾"。

孩子逐渐地体会、感受，就能发现自私有许多危害性。

自私是孩子在成长过程中要逐渐克服、摒弃的坏品质。妈妈要告诉孩子，别因一己之私既害了他人，又害了集体，最终还害了自己。

【给妈妈的教子妙方】

▶▶ 建议一：别轻易给孩子扣上"自私"的帽子

自私是什么，它是个看似简单却很复杂的话题。孩子在三四岁时，独立意识增强，在妈妈的疼爱、照顾中，容易出现"吃独食"、不愿意分享玩具等现象。

这是孩子在该年龄段心理发育的正常表现，不能乱扣帽子，说他们自私。

很多时候是因为妈妈想看到孩子被满足的表情，于是给他们好吃的、好玩的，帮他们做事情等，却忘记了这些行为带给孩子的负面影响，逐渐养成了孩子的自私。

妈妈希望付出有回报，一旦孩子无法满足，就称他太自私了。

妈妈一手造就了孩子的自私心理，事后又抱怨孩子太自私，这正是妈妈自私的表现。

▶▶ 建议二：让孩子学会分享

妈妈为避免孩子从小沾染上自私的习性，可以从孩子小时候吃东西开始，多创设一些共同分享的情景，让孩子学会分享食物。

夏松喜欢吃荔枝，每次妈妈买回来后，他总想自己先吃个够。妈妈总会说："我也想吃啊，你给我剥一个吧。"

夏松说："要吃自己来。"

妈妈也不客气，马上开始动手吃，一点儿也不比夏松动作慢。

夏松习惯了这种方式后，再也不独占食物了。

妈妈还可以邀请小伙伴到家，让孩子一起玩游戏，让他学会与他人合作分享。这些生活情景，妈妈要积极地创设，给孩子多提供一些锻炼分享、合作品质的机会。

>> 建议三：给孩子讲明道理

妈妈在批评孩子自私之后，要给他讲道理，让他明白，为什么自己的行为被批评。如果妈妈只是批评他，不给他合理的解释，会让孩子心生怨恨，并继续自私。

王友的表哥到他家玩，表哥看上了他的电动鸭子，想玩一玩。那是王友最喜欢的玩具，他抱着电动鸭子死活不同意。

妈妈走过来说："下个周末，你就要到表哥家做客，他也有好多玩具，他要是和你一样，你会不会难受呢？"

王友马上想到了表哥的电动摩托车，赶紧让出了电动鸭子。

孩子出现自私行为时，妈妈不必强行压制孩子，只需把可能的后果告诉孩子，让他自己想明白自私的后果。孩子得到合理的解释后，就会打消自私的念头，变得大度起来。

>> 建议四：要保持教育的一致性

妈妈对孩子的教育要有一致性，不能前后矛盾，让孩子迷惑不解，还觉得很委屈。

妈妈很疼爱孙海，每次买回来好吃的，都把最好的给他。

周末，许多亲戚到他家小聚，妈妈刚烤熟了一只鸭子，端出来说："大家快来尝尝吧。"大家都围了过来。正在这时，孙海冲过去，用手护住托盘说："我要先挑，你们都别动。"

妈妈的脸色马上变了，训斥孙海自私、不懂礼貌。

孙海很委屈，心想：平时不都是这样吗？为什么今天就自私了呢？

妈妈让孩子学会分享，就不能因场合而定。无论是在自己家里，还是在亲朋面前，都应该保持教育态度的一致性。

孩子年纪还小，不会分辨复杂的生活场景，妈妈的态度前后差别太大，会让孩子无所适从。

拒绝骄傲，别让孩子一步步走向失败

【教子现场】

辛阳每次有了成绩，总会马上宣扬，表现很得意的样子。如运动会上拿了奖，他就满教室地跑，逢人就说自己体育好，又得了第一。

大家看辛阳得意扬扬的样子，就给他取了一个绰号"骄傲的大公鸡"。

其实辛阳是个很聪明的孩子，学习也比较认真，但是成绩波动大，总是头一次考高分，第二次准是低分，然后又是高分、低分。

老师们都一致认定，辛阳的成绩不稳定，主要原因是骄傲情绪作怪。辛阳因为这个原因，每年的期末考试成绩都只占中上等。

妈妈也很纳闷，问他："你有时候单元测试都考九十分，怎么期末成绩这么差？"

辛阳说："那我也有考七十分的时候啊。"

辛阳也知道，自己的骄傲情绪影响了学习效果，但是每次单元测试一考好，他就忍不住骄傲起来。

【案例解析】

虚心使人进步，骄傲使人落后。凡事要"戒骄戒躁"方能成功。

骄傲的孩子容易满足于一时的成功，被胜利冲昏了头脑，从而斗志松懈、放松警惕性，慢慢就走向了失败、落后。

一般情况下，有特长、成绩卓越的孩子，容易出现骄傲情绪，他们因为成功获得赞扬，被人关注，就开始飘飘然，认定自己很优异、很了不起。

妈妈的不当赞扬，给予孩子浮夸、不真实的表扬，让孩子过高评价自己，也容易使他滋生骄傲。

骄傲自满就容易目空一切，对他人不敬重，认定自己是最棒的，谁都要敬自己三分，一旦受到刺激，很容易被激怒，产生报复心理。

一旦因骄傲而失败，孩子又容易经受不住打击，陷入消极情绪中而无法自拔。

这都是孩子心理承受能力差的表现。

骄傲的孩子只看到自己的长处，看不到自己的短处，对自己的评价不真实，容易陷入盲目的骄傲自满情绪中。

如果是与对手竞争，孩子有了骄傲情绪，就看不清潜在的危险，忽略了对方的优势所在，很快就会被对手抓住弱点而轻易打败。

骄傲情绪一旦泛滥成灾，就会时时阻碍孩子获取更大的成绩，使孩子因小成绩而止步，为小优点而自满。

所以，妈妈要防止孩子出现骄傲自满的心态。

【给妈妈的教子妙方】

>> 建议一：表扬孩子要适度、客观

如果妈妈对孩子的表扬过多，用语不恰当，甚至缺点也夸成优点，容易造成孩子错误的自我评价，从而产生盲目骄傲的情绪。

童强的妈妈总喜欢炫耀儿子，就他的小成绩、小优点四处宣扬，说他如何好、如何优秀。

有一次，童强的作文被当成了范文在班上念，妈妈特别高兴，就拿着作文给每一位到家玩的朋友看，以此夸耀自己教子有方。

童强常被妈妈夸，也觉得自己很了不起，非常不乐意听到别人对自己的批评。

夸奖有积极的一面，但是一定要适度、客观，夸奖的频率过于频繁，就失去了激励效用，变成了孩子滋生骄傲的温床。

▶▶ 建议二：别让孩子因特长、优点滋生骄傲

孩子有特长、优点，常常因此被人羡慕、夸奖，就容易在表扬中滋生骄傲情绪。妈妈一定要让孩子看到自己的缺点，知道天外有天，从而谦虚地看待自己的成绩。

张永自幼学钢琴，在钢琴上很有天赋，大小证书、奖杯拿了不少。妈妈害怕他骄傲，平时都谨慎地夸奖他。

张永每次获奖后，妈妈总会指出他的不足，鼓励他继续努力。

张永听到他人的夸奖时，也总能想起妈妈的话，马上谦虚下来。

孩子有特长、优点本是好事，但如果因为这些过人之处，让孩子滋生了骄傲情绪，变得自满、不谦虚，就成了坏事。

孩子要保持自己的优势，持续发挥优势，就离不开谦虚谨慎的态度。任何时候，在成绩面前骄傲，都会导致落后和失败。

▶▶ 建议三：别把孩子的自信误作骄傲

妈妈要分清孩子的自信和骄傲。孩子取得成绩，容易精神亢奋、言语激动，这是孩子自信的流露。只要孩子不放松警惕性，依然刻苦努力，就说明孩子是自信而非骄傲。

曾明备战了三个月，终于一举拿下了奥林匹克数学竞赛第一名。得知这个消息后，学校马上对他进行表彰，妈妈也对他鼓励有加。

曾明变得非常活跃，整天笑呵呵的，逢人就主动打招呼。

妈妈害怕儿子骄傲，就仔细观察他。她发现，曾明仍然认真写作业，做数学拔高题，丝毫没有放慢学习进度。妈妈放心了，知道儿子这是自信的微笑。

孩子获得成绩后，心情愉悦、精神饱满，并非就是骄傲。妈妈不能只看表面现象，要看看孩子是否放松学习、停止努力了。

如果孩子没有松懈、马虎，依然认真地按计划按部就班地学习，妈妈就不要批评他骄傲。

》》建议四：鼓励孩子树立更高目标

孩子取得了骄人的成绩，是骄傲的资本，但是人生道路是漫长的，妈妈必须帮助他尽快调整，向更高的目标看齐。

如果孩子只看到眼前的成绩，就会因自满而止步。要想让孩子不断地成长，妈妈要教他在每一次胜利后，将目标调高，争取获得更大的胜利。

杜绝虚荣，别让"表面的光彩"迷惑住孩子

【教子现场】

赵虎的妈妈特别爱慕虚荣，总会给他买名牌衣服、高级的文具，不希望儿子在物质上给自己丢脸。

赵虎一直是班上的焦点人物，不是因为学习，不是因为能力，而是因为他有许多新潮的东西，如mp3、手机、滑板、变速自行车等。只要是时下最炫最酷的东西，妈妈都会买给他。

赵虎喜欢与同学攀比，只要别人的东西超过他，他立马要妈妈买更好的。许多孩子都会拿赵虎作例子，劝妈妈给他们买东西。

赵虎对大家的追捧很满足。他变成了十足的享乐主义者，很反感刻苦学习。时常看到他在扬扬自得地炫耀自己的"宝贝"，还时常嘲笑别人老土。

【案例解析】

虚荣心很难说是一种恶行，但一切恶行都围绕着虚荣心而生，都不过是满足虚荣心的手段。孩子一旦有了虚荣心，就会慢慢煎熬于极度的自尊和自卑之间，活得很累。

虚荣心是一种以虚假的方式来保护自尊的心理状态，被称为扭曲的自尊心。

虚荣心强的人为了取得荣誉、获得关注，不惜采用欺骗、扭曲事实、恶意

夸大等手段，使自己的形象提升。这种不正常的社会情感，经不起事实的考验，也容易在揭穿后遭人厌弃。

孩子的虚荣心主要表现在，希望自己比别人强，让别人觉得自己有能耐，为此，孩子会做一些"死要面子活受罪"的事情。

例如，轻易答应别人的要求，为了表现自己有能耐，自己宁肯受苦受累、狼狈不堪。孩子之间的物质攀比行为，也是虚荣心在作怪。

妈妈的虚荣心也会导致孩子爱慕虚荣。妈妈为了炫耀、攀比，往往选择各种培训班、名牌衣服、高档玩具来包装孩子。一来二去，就使孩子的虚荣心迅速攀升。

虚荣心让孩子为了"表面的光彩"迷失了自我，变得虚浮、不切实际。严重的虚荣心往往伴随着人格的极度扭曲，极度不利于孩子的身心健康发育。

妈妈一定要让孩子远离虚荣心的困扰。

【给妈妈的教子妙方】

➤➤ 建议一：适度满足孩子的物质欲望

妈妈无限度地满足孩子的物质需求，会让孩子的虚荣心迅速攀升。孩子在和他人比较物质的过程中，能够获得满足感，从而喜欢上攀比。

韦清考了100分，妈妈一高兴，给他买了一款一千多元的手机。

虽然小学生带手机不新鲜，但是对韦清来说很新鲜。他一到班上拿出手机，马上就吸引一群同学围着看他的手机。

班上也有几个人有手机，但都是妈妈的旧手机，韦清的是一部新手机，还有许多新功能，大家都很羡慕他。

从此，韦清喜欢上了这种感觉，常常在考得高分后，让妈妈给他物质奖励。现在，韦清的"好东西"多了，虚荣心也重了，对物质的关注渐渐超过了对学习的兴趣。

对孩子的物质欲望，妈妈一定要有控制性地去满足，对一些合理的、必需的物质要求给予满足，更要谨慎使用物质奖励的手段。

如果孩子的物质需求得来容易，便会喜欢上物质攀比，从而陷入虚荣的泥潭。

➤➤ 建议二：善于识别孩子的谎言

孩子为了满足虚荣心，常常撒谎、欺骗、弄虚作假，以博得妈妈的物质支持、言语夸奖。妈妈要练就一双火眼金睛，别让孩子的小诡计得逞。

周波回家说："妈妈，我的书包坏了，您给买一个新的吧。邻居小米的就不错，我喜欢那一款。"

妈妈和他有约定，书包必须破了才能换新的。妈妈仔细察看他的书包，发现那个大洞很奇怪，像是用手抠坏的。

妈妈严肃地问："是不是你抠的？"周波低下了头。

妈妈拒绝给他买书包，因为他撒谎了。妈妈帮他补好了破洞，他又背着旧书包上学了。

妈妈会发现，很多时候孩子出于虚荣心和攀比心，会使出一些小花招，如撒谎等。这不但会加重孩子的虚荣心，还会滋生其他坏品质。

如果孩子因虚荣心而撒谎，妈妈一定不能纵容。

▶▶ 建议三：纠正孩子的炫耀心理

孩子有了特长和成绩而处处炫耀，希望得到更多的表扬，这也是虚荣心在作怪。

妈妈一旦发现孩子在炫耀，应该及时批评指正，打消他自命不凡的心理。

常勇买了一个新飞机模型，他立马跑下楼找同学滔滔。

常勇对滔滔说："你看我的飞机比你好吧，终于比过你了。"

滔滔看他很得意，就说："我又没和你比，你真是一个烧包。"

常勇说："看你的样子就是嫉妒了，还不承认。"

妈妈正好看到这一幕，就批评常勇说："滔滔成绩比你好，你炫耀什么呀！"

孩子的炫耀行为是虚荣心的表现，妈妈发现一次，就要制止、批评一次，一定要打消孩子的炫耀心理，让孩子在批评中领悟到，炫耀是一种不礼貌、不值得称赞的行为。

转化嫉妒，不让孩子在"比较"中迷失

【教子现场】

陈显的数学成绩一直很好，几乎每次考试都考第一名。可这一学期，班上的王刚因暑假补习过数学，一下子超过了陈显。

王刚每次考试成绩都在97分以上，不是和陈显并列第一，就是超过了他。陈显接受不了这种状况，一下子得了"红眼病"，怎么看王刚都不顺眼。

陈显开始和王刚比分数，可是总会少一两分，这让他很受打击。当陈显每次都只能屈居第二名时，终于产生了挫败感，甚至觉得很屈辱。

不到半年，陈显对王刚就恨之入骨了，总喜欢在背后说王刚坏话，还曾故意推倒他。

一时间，班上的人都知道了，王刚是陈显的眼中钉、肉中刺。大家也不敢在陈显面前流露出对王刚的喜爱，害怕被陈显报复。

【案例解析】

嫉妒心理是一种想排除和破坏他人优越地位的心理倾向，俗称"红眼病"、"吃醋"、"吃不到葡萄说葡萄酸"等。妈妈要及时察觉和扭转孩子的这种不健康心理。

嫉妒心理前期表现为攀比失望后的压力感，中期则表现为由羞愧到屈辱的心理挫折感，后期表现为由不服不满到怨恨憎恶的发泄行为。

嫉妒心理是孩子在与人比较才能、名誉、地位和境遇时，因为不如人而产生的一种羞愧、愤怒、怨恨的复杂情绪状态。

嫉妒是一种复杂的心理现象，它在心理上表现为焦虑、恐惧、悲哀、猜疑、憎恶、敌意和报复等不愉悦的情绪，让嫉妒者在痛苦中煎熬、在心理上失衡，从而做出可怕、冲动的行动。

孩子越是封闭自己，越容易因狭隘、封闭而鼠目寸光，无法客观正确地评价自己和他人，无法找准自己的定位，容易产生嫉妒的心理。

嫉妒也有积极的一面，从心理学角度看，嫉妒是一种本能。它的积极意义主要表现在：嫉妒说明孩子希望自己更优秀，希望被认可，如果父母教育得当，嫉妒就很容易转化为孩子上进的动力。

嫉妒是一种需要，是一种自我提高的动力。所以从某种意义上说，嫉妒心越强烈，越有可能成功。

妈妈要引导和利用孩子的嫉妒心，让它成为孩子向上的动力，而非消极因素。

【给妈妈的教子妙方】

>> 建议一：教孩子客观评价自己

孩子嫉妒心萌发时，妈妈要让他积极主动地调整自己的意识和行为，控制自己的动机，客观、冷静地分析他人的长处，这样才能化嫉妒为竞争，不断提高自己的水平。

江辉是班上的化学课代表，化学一直是他最得意的一门功课。

今年奥林匹克化学竞赛要开始了，他成为班上参赛第一人选。老师选了他和孔庆两人一起参赛。

没想到，江辉在预赛中竟然没考过孔庆，这让他很受打击。老师也明显地将希望寄托在孔庆身上了。江辉很嫉妒，心理开始失衡。

妈妈察觉了江辉的嫉妒心理，安慰他说："你的能力一直不错，你要看清自己的实力啊，现在不是嫉妒的时候，一定要保持冷静。"

江辉心想，是我的期望太高、压力太大了。江辉开始冷静下来，并调整心态，安心准备下一轮的备战。

孩子在嫉妒心的驱使下，容易丧失理智、迷失自我，无法客观地评价自己。妈妈在此时要帮助孩子冷静、客观地分析自己，找出差距和问题。

孩子认识了自己，才能够在与他人的比较中找准自己的定位。

>> 建议二：帮助孩子发现自己的优势

尺有所长，寸有所短。如果用自己的短处和别人的长处比，就容易比出嫉妒心。孩子能够认识自己的长处，收获赞赏，获得满足感，就不会轻易去嫉妒他人的长处了。

郑超从小热爱音乐，吹、拉、弹、唱都不错，每年都是元旦晚会上的风云人物。

今年，班上的朱杰因拉丁舞获得第一名，郑超的曲艺节目只得了第二。他很嫉妒，恨自己不会跳舞。

郑超决定从明年开始学跳舞，一定要超过朱杰。妈妈赶紧制止他说："你的长处是曲艺，你想胜过他，最好是加紧曲艺的训练，千万别拿别人的长处比自己的短处。"

郑超静下心来一想：是啊，自己差点被嫉妒冲昏了头脑。

聪明的孩子会扬长避短，寻找和开拓有利于充分发挥自身潜能的领域，这样才能充分补偿未被满足的欲望，减少和嫉妒对象之间的差距，从而削弱嫉妒心理。

妈妈也应该点拨孩子，别拿自己的短处和别人的长处比较，要善于发挥自己的优势。

》》建议三：教孩子学会转移注意力

嫉妒会给孩子带来痛苦、烦恼，孩子要学会摆脱这种不良情绪，积极参加各种有益的活动，将注意力转移开。

例如找一个知心朋友、亲人说出心事，或者通过业余爱好如唱歌、下棋等进行自我宣泄。

孙海有个学习竞争对手，两人一直都在暗暗较劲。

最近几次考试，孙海都考得不如他，心情很差，就喜欢说对手的坏话。妈妈知道孙海是嫉妒了，就想办法转移他的注意力。

孙海喜欢唱歌，妈妈让他约几个朋友到家里练歌。周末到了，妈妈又让他们一起去爬山。

孙海在这些活动中，心情又逐渐恢复平静了。

嫉妒是一种不良情绪，会严重影响孩子内心的平静，让孩子陷入痛苦的状态。

妈妈要帮孩子迅速将这种情绪转移开，恢复心态平衡，重新冷静、客观地看问题，不因嫉妒影响到自己和他人的正常学习和工作。

帮孩子驱散焦虑心理

【教子现场】

江民今年8岁，上小学三年级。他平常成绩不错，但最近考试总是考不好。

现在江民只要一听说考试，头一个星期就开始吃不好、睡不好，考试的时候大脑一片空白，平常记住的知识怎么都想不起来，而一出了考场，他立即又想起来了。

江民的这种情况让妈妈很焦急，她带着儿子去看了医生，医生说这是"考试焦虑症"，原因就是心理压力太大，把考试成绩看得过重。

江民的妈妈这才知道，原来他们对儿子要求太高，使儿子有太大的压力才得的焦虑症。

妈妈把儿子叫到面前，温和地告诉他："江民，你什么时候都要记住，什么东西都是次要，你的健康与快乐才是首要，也是父母最需要的。"

江民听妈妈这样说，压力小了很多，以后再考试，江民慢慢地不再焦虑了。

【案例解析】

焦虑，是一个人面对难以完成的复杂任务时，压力过重，或者遭遇不幸时产生的一种心理状态，常常伴随着精神紧张，并且睡不好、吃不香，影响到正常的生活。

如果这种状态持续时间较长，就会发展成焦虑症。因此，孩子若有焦虑的状况产生，妈妈要帮孩子及时进行调整。

焦虑，是一般人都会有的一种正常的心理状态，它会使人们的精神处于高度的紧张之中，以应付突发事件或者压力。

适度的焦虑，会提高人的效率。但是，如果焦虑影响到了睡眠、休息、饮食时，就需要及时进行调整，运用合适的方式做心理疏导，摆脱焦虑。

现在有很多的孩子，因为考试成绩不理想、不适应新环境或者面对困难时，也会患有不同程度的焦虑。孩子不知道如何进行调整，需要妈妈帮孩子想办法应对。

妈妈要时刻关注孩子的一举一动，发现有什么不妥之处，要及时与孩子进行沟通。在孩子诉说自己的感受时，妈妈一定要耐心倾听。倾诉也是缓解孩子焦虑的一种有效方式。

【给妈妈的教子妙方】

➤➤ 建议一：消除孩子不当的认知与归因

有些孩子并不是天生就笨，而是由于别的原因致使成绩不好，或完不成事情。孩子可能把这些归因为自己天生就笨，从而产生焦虑的情绪。

娇娇是小学四年级的学生，身体不大好，但她的学习成绩不错。

有一次学校举行选拔竞赛，娇娇想好好复习一下功课，但因她的身体本来就不太好，所以心有余而力不足，考试没有考好。

这给娇娇的打击很大。她感觉自己天生不但身体不好，而且脑子也不好。本来就不太开朗的娇娇，这下更加沉默，吃饭也少了，睡眠也不好。

妈妈看着娇娇这样，知道娇娇喜欢看书，就给她买了一些成功人士的传记，让她学习成功人士的心态。

认真阅读了书籍，娇娇的情绪好转了很多。

要想帮助孩子建立起正确的归因与认知，妈妈首先需要了解自己的孩子，这样孩子出现了焦虑的情况，因为知道了原因，才会有得力的措施。

➤➤ 建议二：多激励孩子，给孩子增加自信

有些妈妈只看到孩子不对的地方，就经常对孩子进行批评，而从来看不到孩子的优点，更不会去表扬孩子。

这样时间一长，孩子逐渐就会失去自信。没有自信，做什么事情都很难成

功。而多次面对失败，孩子就容易产生焦虑。

范东是聪明的孩子，爱好摆弄东西。家里的小件物品，范东几乎都拆卸了个遍。为此，妈妈经常批评范东，说他是个败家子，把家里的东西都鼓捣坏了。

其实，范东不仅能把好东西鼓捣坏，也能把坏的东西摆弄好。

有一次，电视遥控器不能用了，妈妈试了几下，没有把它调好。范东接过来摆弄了几下，遥控器居然又能用了。

妈妈看见了，不但不夸奖范东，还说遥控器是他给弄坏的。

范东听了之后，心情糟透了。妈妈也没有注意范东情绪的变化，以后只要是什么东西坏了，就说是范东鼓捣坏的。

后来范东就很害怕家中的东西坏，情绪天天处于紧张之中，出现了焦虑症状。

妈妈面对孩子的行为，要多看到孩子有利的一面，不能只看见负面而一味地指责孩子的不是，这样孩子就会逐渐失去自信，甚至产生焦虑。

➤➤ 建议三：让孩子生活有规律

孩子有时候考试，特别是参加重要的竞赛考试，为了能够考得好一些，经常开夜车，这样打破了正常的生活规律，反而对考试不利。此时需要妈妈来转移孩子的注意力。

倩倩是个聪明漂亮的小女孩，成绩也很好。

一次，学校里抽出倩倩去参加竞赛考试。倩倩知道后很重视，离竞赛还有十多天，就开始加夜班复习，每晚都要学到十二点。

对于倩倩这个只有11岁大的孩子来说，晚上十二点休息，第二天还要起早上学，睡眠不足，白天的听课也是浑浑噩噩的。

这样三天以后，倩倩明显感觉到自己的复习没有用，而且白天听课精力也不能集中，她很担心竞赛考试，就产生了焦虑的情绪。

倩倩的妈妈看见女儿这样拼命，看在眼里，急在心里。

周末，妈妈便带倩倩去了她最爱去的游乐园疯玩了一天。回来之后，倩倩的焦虑症状明显好转了很多。

生活规律被打乱，做事的效果就会有影响，从而会使孩子产生焦虑。此时妈妈及时转移一下孩子的注意力，就会减轻孩子的焦虑。

孤独是束缚孩子智慧的囚室

【教子现场】

自从进入中学以来，林峰发现自己变了，虽然有不少同窗，但是林峰与他们很少交往，更谈不上沟通。因为林峰觉得他们都不了解自己，不知道自己在想什么。

课间休息时，不少同学有说有笑，而林峰却坐在课桌前，托着下巴，望着黑板，沉浸于自己的遐想之中。

其实，林峰有时候也很希望和同学们一起玩，但又觉得和他们玩不到一块儿。

班里举行的集体活动，林峰也不想参加，即使参加，也是出于无奈。

回到家，林峰在自己的房间里看书，想心事，把自己所有的感触，倾注在日记里。日记成了林峰最信赖、最亲密的朋友，它与林峰一起分担着忧愁和烦恼。

【案例解析】

孤独封闭是一种很不健康的性格特征。孩子如果长期被孤独感所笼罩，势必严重影响其心理健康，心理也会提前老化。

因此，对孩子的孤独症，妈妈应及早进行矫治，否则将会影响孩子一生的事业和幸福。

心理学研究表明：人们在交往的过程中，会不断地萌发各种社会动机，形成合群、归属等心理需要。当这种需要获得满足时，合群行为和归属感得到强化，就会产生友爱、欢悦的心理体验。相反，当一个人的合群行为和归属感得不到满足时，就会感到孤独、寂寞和忧愁。

长期被孤独感困扰的人，内心的感受会固定下来，形成孤僻的性格。

孤独的孩子情绪长期抑郁，精神委靡，多愁善感，寡言少语，周围的事物都引不起他的兴趣和爱好，因而对一切都感到索然无味。

孤独让孩子失去了友谊的温暖，感受不到融入集体的快乐与自信，除了上学、吃饭、睡觉之外，再无其他生活内容，缺少情趣和亲情，社会适应能力非常低。

有的妈妈对于孩子保护过度，从小就将孩子封闭在家庭的温室中，使他与外界隔离，虽然可以起到很好的防护作用，但同时也过滤掉了很多孩子成长过程中所需要的"养分"。

这类孩子最容易体验到孤独的情绪，没有人和他们一起分享成长的喜悦和烦恼。

长期的孤独感，还能明显地改变人的生理，降低人体免疫力，使人容易感染各种疾病。

严重的孤独症患者一旦患病，由于平时离群索居，不与人交往，缺少来自别人的关心和安慰，会失去战胜病魔的信心，甚至失去继续生活下去的勇气，从而走上轻生的绝路。

妈妈要让孩子脱离孤独的侵袭，获得健康的成长。

【给妈妈的教子妙方】

≫ 建议一：给孩子创造温馨的家庭环境

孩子个性的形成，跟家庭环境有很大关系。一般来说，孤独的孩子，都是出自有问题的家庭。

孙凯，17岁，上初中二年级。孙凯小时候，父母由于工作原因，将他交给爷爷奶奶抚养。6岁时，他才回到父母的身边。

孙凯的父亲忠厚老实，不爱说话；母亲却脾气暴躁，对外常与邻居、同事发生纠纷，对内则嫌老公窝囊无能，常因一些小事向老公和孙凯发火，甚至打骂。

孙凯因从小不在父母身边生活，在感情和生活习惯上，都不太适应他们。

他最不能忍受的是母亲蛮横粗暴的态度，也不能理解父亲对母亲的听之任之。因此他认为，在这个家里，根本不存在快乐和温暖、友善和亲情。

他总是把自己关在属于他的那个小空间里，做完功课便蒙头睡觉。

在学校里，看到同学们喜笑颜开的样子，他怎么也高兴不起来；听到同学谈起父母和家庭的话题，他在羡慕的同时，感到深深的自卑和无奈。

孙凯木然的表情和拒人于千里之外的冷漠，使同学们感到不易接近，纷纷敬而远之，这更使他觉得孤独无助，认为这个世界上，没有人能理解和接受自己。

妈妈一定要给孩子创造温馨、温暖的家庭环境，用自己深沉的爱来温暖和融化孩子孤独的心，培养孩子乐观、合群的健康心态。

➤➤ 建议二：培养孩子广泛的兴趣爱好

孤独的孩子往往兴趣狭窄。如果孩子兴趣广泛，便能在自己喜欢的活动中寻找乐趣，充实生活。当一种活动不能满足孩子自己的需要时，还可以进行另一种活动。

陈立昆是个十多岁的小学生，因为找不到可以一起玩耍的伙伴，陈立昆只能一个人玩，经常觉得很孤独、没意思。

由于长期没有可以讲话的朋友，陈立昆的心理负担渐渐加重，晚上甚至经常失眠。

妈妈看到陈立昆孤独的样子，很是心疼，就开始教陈立昆下象棋。陈立昆会下象棋之后，不久就交到了两个棋友。

后来陈立昆又学会了绘画，交了几个画友。他再也不感到孤独了。

妈妈要培养孩子广泛的兴趣和爱好。因为有共同的兴趣和爱好的人，容易成为朋友，这正是治疗孤独的良药。

➤➤ 建议三：让孩子尽享友谊的快乐

古人说：独学而无友，则孤陋而寡闻。正常孩子的健康成长，离不开健全的朋友氛围。

凌凌是个孤独的孩子，平时没有什么玩伴。

一天，妈妈带他到市场去买东西，市场里的人不多，有几个年龄相仿的孩子在玩纸片。他们把纸片在水泥地上摔得啪啪作响，很是热闹。

凌凌看到了，不声不响地走过去，往人家的圈子里一蹲，全神贯注地盯着。妈妈喊他，他理都不理。

妈妈知道凌凌缺少朋友，就走过去对那些孩子说："让我儿子也跟你们一起玩好吗？我请你们吃冰棍。"

那些孩子一阵欢呼，纷纷拉着凌凌一起玩。凌凌摔着纸片，脸上露出了开心的笑容。

孩子有了知心朋友，彼此之间就能相互信任、相互理解，高兴时有人分享快乐，悲伤时有人分担苦闷，感情有所寄托，就不会感到孤独了。

因此，妈妈应帮助孩子多交朋友。

▶▶ 建议四：让孩子正确看待孤独

有的孩子喜欢嘈杂的环境，总希望有人陪伴在自己的身边，即使是很短暂的孤独，也不能忍受。

其实，作为正常的心理现象，适当的孤独可以使浮躁的心情平静下来，也可以使模糊的思想变得清晰起来。就像心理学家所说：独处是人的需要。

妈妈要让孩子把孤独看作生活中不可缺少的要素，用平和的心态去接受它、享受它，并超越它，让孩子在短暂的孤独中，体验生命更深的意义。